맛있는 요리를 만드는 레시피가 있는 것처럼 웃음, 힐링, 성장을 만드는 레시피도 있을까요?
레시피팩토리는 모호함으로 가득한 이 세상에서 당신의 작은 행복을 위한 간결한 레시피가 되겠습니다.

수프 & 스튜 홀릭

SOUP HOLIC STEW HOLIC

PROLOGUE

이 책이 단순한 레시피 모음집을 넘어, 여러분의 부엌에서
매일 펼쳐보고 싶은 요리 동반자가 되기를 바랍니다

요즘 수프를 메인으로 내세우는 전문점이 늘고, 집에서도 수프와 스튜를 찾는 분들이 많아졌습니다.
쿠킹 클래스에서도 관련 수업을 원하는 분들이 꾸준히 늘고 있어요. 가볍지만 균형 잡힌 한 끼가 가능하고,
무엇보다 속을 편안하게 해준다는 점에서 매력을 느끼기 때문이지요. 국물을 즐기는 우리 식생활과도
잘 어울려, 자연스럽게 자리 잡을 수 있는 음식입니다.

그동안 클래스에서 함께해 온 수프와 스튜 레시피를 한 권의 책으로 정리했습니다. 사실 수프와 스튜는
특별한 기술이 없어도 누구나 쉽게 만들 수 있는 요리입니다. 이탈리아의 할머니도, 프랑스의 할아버지도
집에서 즐기는 정겨운 가정식이지요. 냄비 하나에 재료를 넣고 끓이는 동안 다양한 풍미가 어우러지며
깊은 맛이 완성됩니다. 그래서 이 책에서는 복잡한 기교보다 재료 본연의 맛을 살리고, 집에서도 부담 없이
따라 할 수 있는 실용적인 메뉴를 중심으로 소개했습니다.

봄에는 파릇한 채소, 여름에는 싱그러운 과일과 허브, 가을에는 진한 곡물과 버섯, 겨울에는 든든한
뿌리채소까지 계절마다 어울리는 재료를 더하면 같은 레시피도 전혀 다른 매력을 보여줍니다.
이 책에 담긴 47가지 레시피는 제철 재료와 변주에 따라 무궁무진하게 활용될 수 있습니다.

수프는 식사의 시작이 되기도 하고, 한 끼를 든든히 책임지는 요리가 되기도 합니다. 스튜는 가족과
함께하는 따뜻한 집밥이면서, 손님을 맞이하는 격식 있는 자리에서도 빛나는 메뉴입니다.
저희는 아이를 키우며 이유식으로도 수프를 자주 활용했고, 큼직한 건더기가 들어간 스튜는 손님을
초대할 때 근사하게 차려낼 수 있었습니다.

이 책에는 불 조절, 간 맞추기, 재료 구입처 등 수업에서 가장 많이 받았던 질문에 대한 답과 다양한
쿠킹 팁도 함께 담았습니다. 집에서 가족을 위해 요리하는 분들부터 카페와 식당을 운영하는 분들까지,
누구나 실용적으로 활용할 수 있도록 레시피를 다듬었습니다.

이 책이 단순한 레시피 모음집이 아니라, 매일 부엌에서 펼쳐보고 싶은 든든한 요리 동반자가 되기를
바랍니다. 작은 카페의 메뉴판에 새로운 얼굴을 더하고, 가족과 나누는 식탁에 따뜻한 기억을 남기는
계기가 되었으면 합니다.

2025년 여름의 끝에서, 디어버터

CONTENTS

042

PROLOGUE
004　저자의 글

BASIC LESSON
수프 & 스튜를 완성도 높게
끓이기 위한 기초 레슨

010　수프 & 스튜의 HOLIC 포인트 5가지
012　수프 vs. 스튜 닮은 듯 다른 차이점 이해하기
014　수프 & 스튜 주재료에 맞춘 조리순서 익히기
018　수프 & 스튜 완벽하게 간과 농도 맞추기
020　이 책에 쓰인 이국적인 풍미의 조금 낯선 재료들
024　저자가 추천하는 맛과 활용도 높은 시판 제품들
026　구비해두면 유용한 조리 효율을 높여주는 도구들
028　가장 많이 쓰이는 밑국물(스톡) 준비하기
030　넉넉히 만들어 보관했다가 다시 데워 먹기

PUREE SOUP
재료를 곱게 갈아 만드는 부드러운 맛의 퓨레 수프

034　봄나물 감자수프
038　병아리콩 고구마수프
042　단호박 밤수프
046　사과 단호박수프 ⓒ
050　초당옥수수수프
054　트러플 버섯수프 ⓑ
058　구운 콜리플라워수프
062　콜라비 브라운버터 수프
066　토마토 크림수프와 퍼프 페이스트리 ⓐ
070　천도복숭아 가스파초
074　오이 요거트 가스파초 ⓑ
078　구운 가지 성게알 가스파초

abc 가이드

ⓐ **advanced level**
준비 과정이 다소 많지만
도전할 만한 맛있는 레시피

ⓑ **beginner level**
재료, 조리법이 모두 간단한
초보자를 위한 쉬운 레시피

ⓒ **choice recipe**
저자가 특히 추천하는 레시피

156

CHUNKCY SOUP
국물과 건더기를 함께 즐기는
풍부한 식감의 청키 수프

- 084 토마토 채소수프 ⓒ
- 088 베이컨 그린빈 토마토수프
- 092 소시지 렌틸콩 채소수프
- 096 여름 호박 초당옥수수수프
- 100 헝가리식 매콤한 버섯 크림수프
- 104 프렌치 어니언수프 ⓐ
- 108 맑은 새우완자수프 ⓑ
- 112 대게살완자 배추수프
- 116 라임 백합 파스타수프
- 120 맑은 소시지 양배추수프
- 124 보리 넣은 레몬 치킨수프
- 128 완두콩 치킨 크림수프
- 132 쪽파 클램차우더 ⓒ
- 136 레몬그라스 바지락 크림수프
- 140 랍스터 생선차우더
- 144 새우 꽃게 로제수프 ⓐ

MEAT STEW
육류와 채소를 풍성하게 넣은
든든한 고기 스튜

- 152 대패삼겹살 에그인헬 스튜
- 156 홈메이드 미트볼 토마토스튜
- 162 멕시칸 칠리 콘 카르네 스튜 ⓐ
- 166 이탈리아식 소 내장 토마토스튜
- 170 프랑스식 소고기 버섯스튜
- 174 화이트라구 버섯스튜
- 178 소고기 미소된장 크림스튜 ⓑ
- 182 소고기 코코넛 커리스튜
- 186 그린 커리 치킨스튜 ⓒ
- 190 치킨 올리브 토마토스튜
- 194 중동식 매콤한 치킨스튜
- 198 찰옥수수 치킨 크림스튜 ⓒ

SEAFOOD STEW
생선과 해물의 맛을 잘 살린
근사한 해산물 스튜

- 204 매운 봉골레스튜
- 208 초당옥수수 열무 바지락스튜 ⓐ
- 212 이탈리아식 맑은 생선스튜 ⓐ
- 216 초리조 홍합 토마토스튜 ⓑ
- 220 랍스터 토마토스튜
- 226 굴 부야베스
- 232 화이트와인크림 생선스튜

INDEX
- 236 주 재료별 / 소스 및 육수별

132

수프 & 스튜를
완성도 높게 끓이기 위한
기초 레슨

빵 한 조각만 곁들이면 간소하게 식사를 끝낼 수 있고,
넉넉히 먹어도 속이 편하면서 소화가 잘 되고,
몇 가지 기본 조리 스킬만 익혀두면 무궁무진하게 응용할 수 있는 점이
우리가 수프와 스튜에 홀릭하는 이유가 아닐까 싶습니다.
한 끗 다른 맛을 내기 위한 디어버터의 수프 & 스튜 기초 레슨, 시작합니다.

수프 & 스튜 기초 레슨

디어버터가 들려주는
수프 & 스튜의 HOLIC 포인트 5가지

1. 한식의 국, 찌개, 찜 요리와 조리과정이 비슷해 어렵지 않고 금방 익숙해져요

수프나 스튜는 브런치 카페나 레스토랑에서 자주 접하는 메뉴라 그런지 집에서 만들기 번거로울 것 같지만 오히려 반대랍니다. 우리 밥상에 자주 오르는 국, 찌개, 찜 요리와 조리과정이 비슷해 막상 만들어보면 결코 어렵지 않거든요. 몇 가지 메뉴만 따라 해도 금방 익숙해지고, 원하는대로 입맛에 맞춰 얼마든지 응용할 수 있어 무궁무진하게 만들 수 있게 되지요.

2. 계절마다 식재료를 바꾸면, 하나의 레시피로 매 계절 다른 맛을 즐길 수 있어요

수프와 스튜는 양념이 많이 쓰이지 않기 때문에 재료의 맛을 고스란히 담을 수 있는 요리예요. 맘에 드는 레시피가 있다면, 계절마다 제철 재료를 바꿔가며 끓여보세요. 같은 레시피가 맞나 싶을 만큼 새로운 매력을 느끼게 돼요.

봄에는 봄나물을 허브 대신 쓰고, 여름에는 호박이나 완두콩, 옥수수를 활용하세요. 가을에는 밤이나 버섯, 겨울에는 무, 배추 등을 추천해요. 계절이 바뀔 때마다 제철 재료를 찾아 먹다보면 자연스럽게 몸이 기억하고 그 계절이 되면 저절로 계절에 맞는 식재료가 먹고 싶어진답니다.

3. 빵이나 샐러드만 곁들이면, 간소하면서도 든든한 한 끼가 완성돼요

수프와 스튜는 대부분 넉넉히 준비했다가 데워 먹을 수 있어요. 한가할 때 미리 끓여두었다가 식사 시 먹을 만큼 데워 구운 빵 한 조각이나 샐러드 한 접시만 곁들이면 간소하면서도 든든한 한 끼를 준비할 수 있지요. 흔히 수프나 스튜는 아침식사나 브런치 메뉴로 생각하는데, 보온병이나 내열 도시락통에 담아 도시락으로 준비해도 어울리고, 속이 편하니 저녁식사로 활용해도 좋답니다. 푸짐한 스튜는 와인안주로도 제격이랍니다.

4. 언제 먹어도 소화가 잘 되고 속이 편안해요

요즘 수프나 스튜 전문점이 인기를 끄는 이유 중 하나는 속이 편안하기 때문이에요. 재료를 부드럽게 익히고 자극적인 양념을 쓰지 않기 때문에 언제 먹어도 소화도 잘 되고 속이 편안하지요. 한식의 죽과 비교하는 분들도 있는데요, 수프와 스튜에는 단백질 재료와 채소가 많이 들어가기 때문에 영양 밸런스면에서도 장점이 더 많답니다.

5. 수프와 스튜를 끓이기 전 미리 완성 메뉴를 상상해두세요

수프와 스튜는 농도나 재료에 따라 다채롭게 변신하는 것이 매력이에요. 요리 전에 농도(묽게 끓일지, 되직하게 끓일지)부터 재료 크기(건더기를 큼직하게 할지, 작게 할지)와 색깔(재료나 토핑의 색 조합) 등을 먼저 상상하고 시작하면, 입맛에 맞는 결과물을 만들 수 있답니다. 저는 된장찌개를 끓일 때도 농도부터 정해요. 묽게 후루룩 떠 먹고 싶은지, 되직한 강된장처럼 밥에 올려 슥슥 비벼 먹고 싶은지 정하죠. 이어 색은 고춧가루를 넣어 빨갛고 맵게 할지, 청양고추를 넣어 맑은데 칼칼하게 끓일지 정해요. 마지막으로는 표고를 넣어 버섯향이 나도록 할지, 팽이를 넣어 식감을 살릴지 고민합니다. 물론 냉장고 사정에 따라 대충 합의를 볼 때도 있고 끓이다가 마음이 변할 때도 있지만, 상상만으로도 요리를 보다 효율적으로, 완성도 높게 만들 수 있답니다.

수프 & 스튜 기초 레슨

수프 vs. 스튜
닮은 듯 다른 차이점 이해하기

SOUP

- 육수 중심의 요리로, 날씨와 계절에 따라 차갑게 먹기도 하고, 뜨겁게 먹기도 해요.
- 채소, 해산물, 고기 등으로 맛을 우려낸 맛있는 밑국물(채수나 육수)이 필수예요.
- 맑고 깔끔한 육수 자체를 수프로 즐기거나, 육수에 다양한 재료를 넣거나 갈아 다양한 방법으로 응용해요.

STEW

- 건더기가 주인공인 요리로, 주로 뜨겁게 먹어요.
- 고기나 해산물 같은 주재료가 있고, 채소는 주인공을 도와주는 역할을 해요.
- 스튜는 끓이는 과정에서 맛있는 육수가 우러나와 어우러져 되직한 농도가 돼요.

4가지 다른 포인트

수프	다른 포인트	스튜
재료 크기가 자잘하거나 곱게 갈린 형태로 스푼 위에 다양한 재료가 한번에 올라가요.	재료 크기	재료의 크기가 큼직해요.
육수가 넉넉한 편이에요.	육수의 양	육수의 양이 수프보다 적고 되직한 편이에요.
재료 크기가 작아 빠르게 익히기 쉬워 스튜보다는 조리시간이 짧아요.	조리시간	고기의 지방이 적고 질긴 부위를 오랫동안 끓여 만드는 요리라 조리시간이 긴 편이에요. ★ 각각 재료들의 형태를 유지하며 오래 끓이려면 크기를 크게 썰어 조리하는 것이 좋아요.
간단한 아침식사로 먹거나, 브런치나 코스요리에서 앞 순서에 주로 먹어요. ★ 빵이나 샐러드를 곁들여 한 끼 식사로도 좋아요.	먹는 타이밍	점심 또는 저녁의 든든한 식사나 코스요리에서는 메인 요리에 해당해요. ★ 한 그릇만 먹어도 충분할 만큼 영양이 골고루 들어있어 든든한 한 끼 식사로 좋아요.

알아두면 상식이 되는 메뉴 이름들

- **콘소메(Consommé)** 고기, 채소를 우려내고 불순물을 제거한 아주 맑은 프랑스식 수프.
- **미네스트로네(Minestrone)** 토마토 베이스의 이탈리아식 채소 수프. 84쪽
- **퓨레(Purée)** 재료를 갈아서 만든 수프.
- **차우더(Chowder)** 해산물이나 감자, 크림 등을 넣은 진한 풍미의 미국식 수프. 132쪽
- **가스파초(Gazpacho)** 스페인의 차가운 토마토 수프. 70쪽
- **포토푀(Pot-au-Feu)** '불 위의 냄비'라는 뜻의 프랑스 전통 가정식 수프. 소고기, 감자, 셀러리 등을 오래 끓여 따뜻하고 담백한 맛이 특징. 120쪽
- **프렌치 어니언 수프(French Onion Soup)** 캐러멜라이즈드 양파와 소고기 육수, 와인을 푹 끓여 그릇에 담고 치즈를 듬뿍 올려 오븐에서 구운 수프. 104쪽
- **부야베스(Bouillabaisse)** 각종 해산물, 생선, 토마토, 허브가 들어간 프랑스식 스튜. 226쪽
- **굴라쉬(Goulash)** 소고기와 각종 채소를 넣고 끓인 진한 맛의 헝가리식 스튜.

수프 & 스튜
주재료에 맞춘 조리순서 익히기

수프 & 스튜 기초 레슨

채소 수프와 스튜

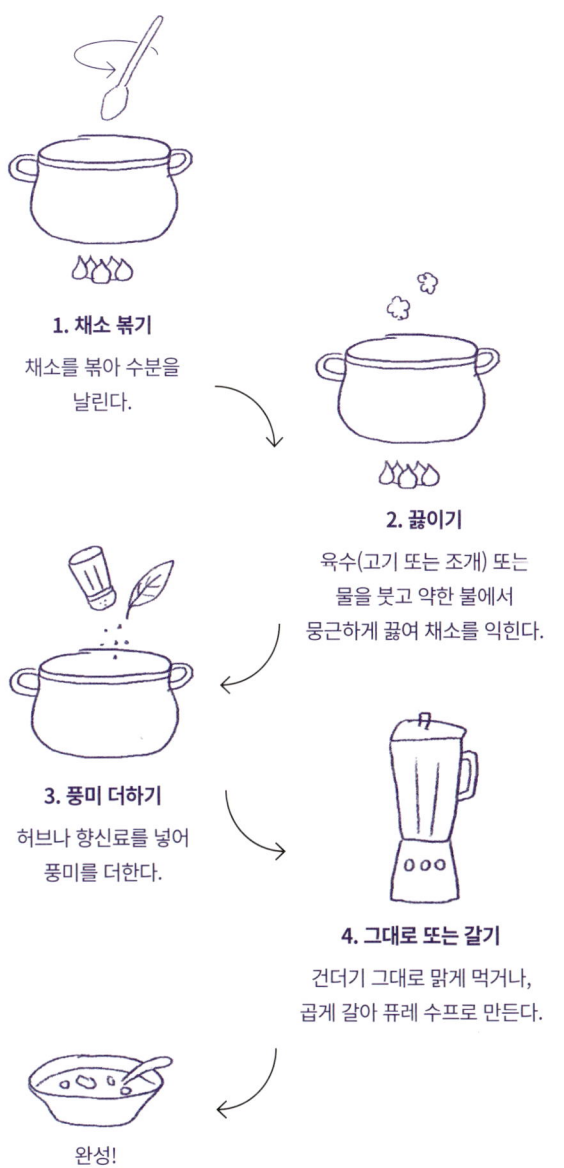

1. 채소 볶기
채소를 볶아 수분을 날린다.

2. 끓이기
육수(고기 또는 조개) 또는 물을 붓고 약한 불에서 뭉근하게 끓여 채소를 익힌다.

3. 풍미 더하기
허브나 향신료를 넣어 풍미를 더한다.

4. 그대로 또는 갈기
건더기 그대로 맑게 먹거나, 곱게 갈아 퓨레 수프로 만든다.

완성!

+ Cooking Point

- **맑고 깨끗한 수프와 스튜나 하얀색 크림의 수프와 스튜를 끓일 때**
최대한 재료가 타지 않도록 투명하게 볶는 것이 중요해요. 채소를 볶는 과정에서 색이 나면 국물이 탁해지고 갈색 크림으로 변하기 때문이에요.

- **토마토가 들어가거나 일부러 더 볶아 색을 내야하는 갈색의 수프와 스튜를 끓일 때**
양파, 마늘도 살짝 갈색이 나게 볶으면 구워진 채소의 맛이 국물에 우러나와 구수한 감칠맛을 더해줍니다.

- **재료를 끓여 곱게 갈아 만드는 퓨레 수프를 끓일 때**
재료를 푹 제대로 익히지 않으면 곱게 갈리지 않아요. 덜 갈린 재료들은 거친 식감을 내서 맛이 떨어지니, 반드시 푹 익힌 후 블렌더로 곱게 갈아주세요. 육수가 넉넉한 듯 싶어도 갈고 나면 되직해지기도 하니, 육수를 충분히 준비해 농도를 조절하면서 요리하는 것이 필수예요.

고기 스튜

1. 채소 볶기
채소를 볶아 수분을 날린다.

2. 고기 볶기
고기를 넣고 함께 볶는다.

3. 맛 재료 넣기
토마토스튜라면, 이때 토마토를 넣는다.

4. 풍미 더하기
허브나 향신료를 넣어 풍미를 더한다.

5. 끓이기
고기 육수를 붓고 뭉근하게 오래 끓인다.

6. 맛 재료 & 풍미 재료 더하기
크림스튜라면, 이때 생크림을 넣는다.

완성!

+ Cooking Point

• **고기 부위에 따라 달라지는 조리시간**
고기 스튜는 익힘 정도가 맛을 결정해요. 고기는 질기고 단단한 부위일수록 조리 과정 앞쪽에 넣어 오래 천천히 익혀야 해요. 보통 소고기의 기름지고 부드러운 부위는 스테이크용으로 사용하고, 질기고 지방이 적은 부위는 스튜로 오래 끓여 부드럽게 먹지요. 스튜용 고기를 부드럽게 익히기 위해서는 넉넉한 양의 육수를 넣고 오래 익히거나 냄비째 오븐에 넣는 방법을 사용해요.

• **더 맛있게 만들기 위한 닭고기 선택법**
닭고기의 경우 가슴살보다는 닭다리살로 요리하면 보관했다가 다시 데워도 부드럽게 먹을 수 있어요.

• **채소가 많이 들어가는 스튜를 끓일 때**
채소 볶을 때 센 불에서 빠르게 볶아 수분을 최대한 날리는 것이 좋아요. 채소의 수분을 많이 남겨두고 다음 과정으로 넘어가면 채소에서 물이 계속 나와 싱겁게 느껴질 수 있어요. 진하고 응축된 맛을 내려면 채소의 수분을 충분히 제거하며 볶아야 해요.

해산물 수프와 스튜

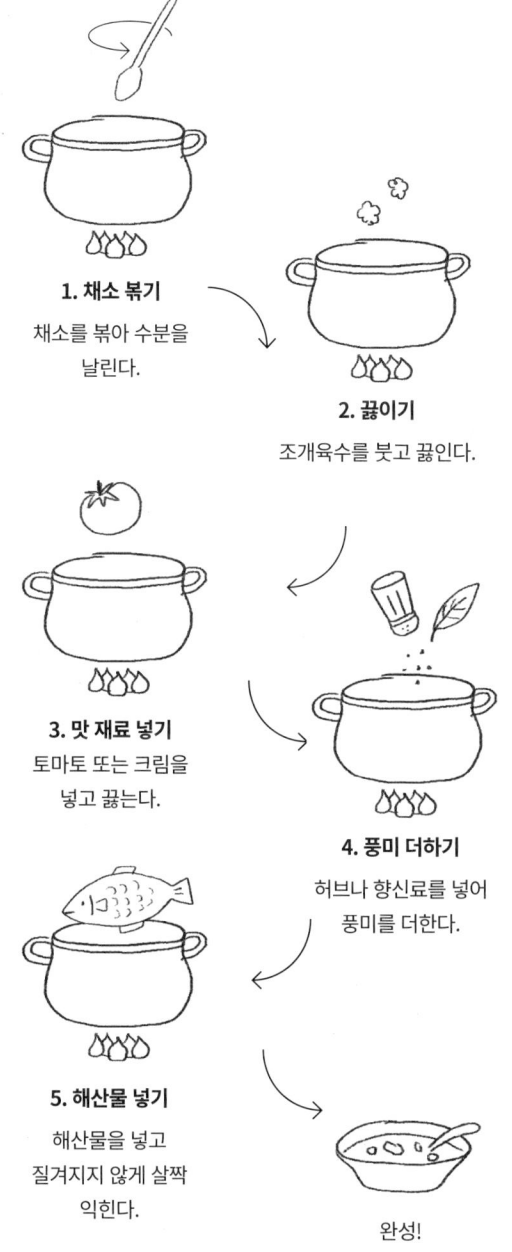

1. 채소 볶기
채소를 볶아 수분을 날린다.

2. 끓이기
조개육수를 붓고 끓인다.

3. 맛 재료 넣기
토마토 또는 크림을 넣고 끓는다.

4. 풍미 더하기
허브나 향신료를 넣어 풍미를 더한다.

5. 해산물 넣기
해산물을 넣고 질겨지지 않게 살짝 익힌다.

완성!

+ Cooking Point

- **해산물의 식감과 비주얼을 위해 조리할 때 주의점**

해산물은 최대한 살짝만 익혀야 식감이 살아있어 맛있으니 조리과정의 마지막 단계에 넣어요. 해산물을 너무 오래 익히면 사이즈도 작아지고 질겨지니 최대한 마지막 단계에 넣어 살짝 익힌 후 바로 먹는 것이 제일 맛있어요.

- **더 맛있게 만들기 위한 크림 선택법**

크림은 휘핑크림보다 동물성 생크림을 추천해요. 휘핑크림은 휘핑이 잘 되도록 걸쭉하게 만드는 첨가물이 들어있어 수프를 더 무겁고 진하게 만들어 느끼한 맛을 내기 때문이에요. 동물성 생크림이 훨씬 가볍고 깔끔한 맛을 냅니다.

수프 & 스튜
완벽하게 간과 농도 맞추기

맛있게 간을 맞추는 요령

- ☑ **한 그릇을 끝까지 다 먹는다는 것을 감안해 간을 맞춰요.** 처음엔 짭짤한 것이 맛있게 느껴지나, 짜서 다 먹기 힘들 수 있으니 약간 슴슴하게 간하세요.

- ☑ 그릇에 옮겨 담는 순간부터 식기 때문에 **먹을수록 짜게 느껴질 수 있어요.** 다 먹어갈 때 간도 염두해두고 조절해요.

- ☑ 수프와 스튜는 **먹기 직전 취향에 맞게 간과 농도를 조절**해 먹는 것이 가장 좋아요.

- ☑ 먹고 남은 것을 보관할 때 조리 직후에는 간이 딱 맞더라도 **보관 시 채소의 수분이 빠져나와 싱거워지기도 해요.** 반대로 수분을 빨아들이는 재료(버섯, 감자, 파스타 또는 갈아 만드는 퓨레형 수프)가 있는 경우 보관 시 농도가 걸쭉해지고 짜지기도 해요.

- ☑ 짤 경우에는 육수나 물, 크림 등을 넣고 **싱거워졌을 경우 소금**을 더하면 돼요.

최적으로 농도를 맞추는 요령

- ☑ 국 농도에 익숙한 우리나라 사람들은 너무 걸쭉한 수프보다 **약간 묽어서 후루룩 떠 먹을 수 있는 농도를 선호**해요.

- ☑ 갈아 만드는 퓨레 수프나 크림이 들어가는 경우에는 **너무 긴 시간 졸여 걸쭉해지지 않도록 주의**해요. 실수로 너무 되직해졌을 경우 육수나, 물, 크림 등을 추가해 농도를 조절해요.

- ☑ 냄비에서 내가 원하는 농도까지 끓인 후 그릇에 담으면, 처음보다 더 되직해지는 경우가 있어요. 크림이 들어가는 수프나 스튜의 경우 그릇에서 **식으면서 농도가 진해져 먹기 불편할 수 있으니 원하는 농도보다 살짝 묽을 때까지만 끓이는 것**이 중요해요.

이 책에 쓰인 이국적인 풍미의 조금 낯선 재료들

육류 및 해산물

1. 트리파(Trippa, 소내장)
우리나라 내장탕처럼 이탈리아에서도 소 내장(곱창, 대창, 양, 벌집양, 천엽, 막창 등)을 스튜에 넣어 먹어요. 온라인에서 손질 후 푹 익힌 냉동 제품이 판매하니 활용하세요. 생물을 구입했다면 각종 허브나, 화이트와인, 향신료 등을 넣고 푹 데쳐 부들부들한 식감이 되게 전처리한 후 요리하세요.

2. 성게알(Sea Urchin)
'보라 성게알'은 여름이 제철로, 달고 알맹이가 크고 부드러운 맛이 나며 연한 노란빛이에요. '말똥 성게알'은 겨울이 제철로 쌉사름한 맛과 고소한 맛이 있고 진한 주황색이에요. 수프에 잘 어울리고 수산시장이나 온라인 산지직송 제품을 사는 것이 좋습니다.

3. 초리조(Chorizo, 생 소시지)
돼지고기에 파프리카파우더를 넣어 붉은색을 띠며 매콤한 맛이 도는 스페인의 대표 생 소시지. 짭조름하고 발효하는 과정에서 생기는 감칠맛이 좋아 와인 안주로 먹어도 좋고 요리에 사용해도 좋아요.

채소와 허브, 향신료

1. 셀러리(Celery)
생으로 먹을 때는 향이 강하지만 열을 가하면 옅어지면서 요리의 풍미를 높여줍니다.

2. 샬롯(Shallot)
양파보다 작으며 서양 요리에 많이 쓰여요. 은은한 단맛이 특징이며 익히면 깊고 고소한 맛이 나요.

3. 레몬그라스(Lemon glass)
레몬향과 풀향이 나는 허브. 레몬그라스 대신 레몬 껍질이나 라임 껍질을 넣어도 좋아요..

4. 그린커리(Green curry)
태국 커리로 고추와 마늘, 허브와 향신료를 넣고 빻아 만들어요. 강황이 들어간 노란 커리와 다르게 매운맛이 나요.

5. 큐민씨드(Cumin Seed)
구수함과 스모키함이 느껴지는 향신료로 살짝 볶아 넣으면 맛과 식감이 풍부해져요.

6. 프레시 허브(Fresh Herbs)
타임은 조리 중간에 넣어 국물의 풍미를 올려주고, 파슬리는 완성요리에 올려 은은한 향을 더해줘요.

치즈와 크림

1 파르미지아노 레지아노 (Parmigiano Reggiano)
치즈의 왕으로 불리며 어느 요리에나 다 잘 어울려요. 갈아서 뿌리면 요리에 풍미를 더해줍니다.

2. 사워크림 (Sour cream)
일반 생크림을 발효시킨 크림으로, 유산균이 들어있어 요거트처럼 걸쭉한 농도이며 신맛이 나요. 수프에 한 스푼 정도 얹어 먹기도 하고, 매콤한 맛을 중화시켜주는 역할을 하기도 합니다.

3. 그뤼에르 치즈 (Gruyere cheese)
스위스 그뤼에르 지방에서 만드는 치즈로 프랑스 요리에도 많이 사용돼요. 부드러운 질감과 고소한 풍미, 약간 짭짤한 감칠맛이 나요. 키쉬, 그라탕, 어니언수프 등 서양요리에 잘 어울리는 치즈예요.

소스와 오일

1. 트러플오일(Truffle oil)
트러플버섯을 오일에 담가 향을 뽑아낸 것으로, 블랙 트러플오일과 화이트 트러플오일이 있어요. 가격은 화이트가 조금 더 비싸지만, 그만큼 향이 더 강하고 고급스럽습니다. 트러플오일은 열을 가하면 향이 다 날아가기 때문에 완성된 요리에 마무리로 살짝 뿌려 먹습니다.

2. 피시소스(Fish sauce)
주로 동남아요리에 사용하는 피시소스는 우리의 액젓과 비슷해요. 짠맛과 감칠맛이 좋고, 액젓보다 부드럽고 덜 짜서 두루두루 사용할 수 있어요.

기타

작은 파스타(Short Pasta)
수프에는 긴 파스타 면보다는 숟가락 위에 올라갈 수 있는 숏파스타를 주로 사용해요. 대표적으로는 '오르조(Orzo)'라는 쌀알 모양의 파스타를 자주 사용하고, 그 외 베수비오, 펜네, 콘낄리에, 오레키에떼 등도 즐겨 씁니다. 긴 파스타 면을 뚝뚝 부러뜨려 사용해도 좋아요.

저자가 추천하는
맛과 활용도 높은 시판 제품들

꽃소금 (샘표 한여름 눈꽃 제품)
손에 달라 붙지 않고
고슬고슬해서 요리하기 좋아요.
집에 있는 꽃소금을 써도 돼요.

홀토마토 통조림 (디벨라 제품)
햇볕이 강한 이탈리아의 토마토가
색도, 맛도 진하니 토마토를
데쳐 껍질을 벗겨 통째로 넣은
이탈리아산 토마토홀 통조림을
활용하세요.
★우리의 완숙 토마토는 품종 자체가
달라 요리를 했을 때 색도, 맛도
약한 편이에요. 완숙 토마토로 대체할
때는 토마토 페이스트를 더한다면
조금 더 진한 맛을 낼 수 있어요.

**토마토 페이스트 (캔은 헌트 제품 /
튜브형은 무띠 제품)**
토마토를 곱게 갈아 끓여서
수분을 최대한 제거한 페이스트.
토마토 풍미가 강해 소량만
넣어도 진한 토마토 맛이 나고
소스 색도 강렬한 토마토 색이
나도록 하는 역할도 해요.
냉장 보관할 경우 생각보다
빨리 상하고 금방 곰팡이가
피기도 하니, 캔을 사용할 때는
지퍼백에 넓게 펼쳐 담아 냉동해
필요한 만큼 포크로 조금씩 쪼개
사용하세요.
튜브형이 집에서 사용하기 좋고
편리해요. 공기가 닿지 않아 쉽게
상하지 않고, 냉장 보관했다가
필요한 만큼 쭉 짜서 쓰기 좋아요.

생크림 (서울우유 제품)
동물성 유크림 100%로 첨가물이
없어 맛이 깔끔하고 부드러워요.
간혹 설탕이 들어있는 제품도
있으니 식품 라벨을 체크해 설탕
없는 제품으로 구입하세요.
★휘핑크림은 말 그대로 휘핑이
잘 되도록 첨가물을 넣어 가공한
크림이라 수프가 더 걸쭉하고
느끼해질 수 있으니 되도록 생크림을
사용하세요. 불가피하게 사용한다면
레시피보다 적게 넣거나 육수를
더 추가해 농도를 조절하세요.

치즈 (안티노카세이피초 제품)
오래 발효시킨 하드치즈인
파르미지아노 레지아노나
그라나 파다노를 그라인더로
갈아서 써요.

치킨스톡 (네슬레 메기 제품)
풍미가 진한 액상형 닭육수 제품이에요. 불필요한 허브 향이 나지 않아 어떤 요리에도 잘 어울리고 찬물에도 잘 녹아 사용하기가 편해요.
★밑국물 활용법 29쪽 참고

버터 (무염은 앵커 제품, 가염은 페이장 브레통 제품)
가염버터로 요리하면 간을 조절하기가 어려우니 요리에는 무염버터를 추천하고, 빵을 구울 때는 감칠맛 좋은 가염버터를 추천해요.
앵커 무염버터는 비발효버터로 특별한 향이 없고 깔끔한 맛을 갖고 있어 요리할 때 사용하기 좋아요. 단, 앵커는 무염만 있고 가염제품은 없어요.
가염버터는 발효버터인 페이장 브레통을 쓰는데, 특유의 요거트 같은 향이 있어 빵을 구울 때 주로 사용해요.

올리브 (마다마 올리바 제품)
그린 올리브는 잘못 구입하면 짜고 식감이 물러 맛이 없는 경우가 있는데 이 제품은 카스텔 베트라노 품종으로 식감이 단단하고 짜지 않아 아주 맛있어요. 씨가 있는 올리브도 있고, 씨를 뺀 피티드 올리브도 있으니 잘 확인하고 구입하세요.

올리브오일 (올리타리아 엑스트라 버진 & 오로 제품)
불조리를 하거나 많은 양을 써야할 때는 올리타리아 엑스트라 버진을 사용하고, 요리 마지막 마무리용으로 푸릇한 향을 더하고 싶을 때는 오로 제품을 사용해요. 오로는 올리브를 냉 압착해서 만든 오일이라 푸릇한 향과 쌉싸름한 맛이 더 진합니다. 한식에서 참기름처럼 볶을 때 사용하면 향과 맛이 사라질 수 있으니 요리 마지막에 곁들여야 향을 제대로 즐길 수 있어요.

엔초비 (델리시우스 병제품)
멸치의 가시를 제거하고 살만 소금과 오일에 절인 것으로 이 제품은 짠맛이 적당하고 멸치 감칠맛이 더 깔끔해요. 집에서 소량 쓸 때는 엔초비를 곱게 다져 올리브오일과 섞은 튜브형 페이스트 제품도 편해요. 부드러운 맛과 적당히 짭짤한 맛이 일품인 제품입니다.

조리용 와인 (화이트는 가또 네그로 샤르도네 1.5ℓ, 레드는 플란지아 3ℓ, 포트와인은 쉐필드 토니 포트)
조리용 와인은 가격이 저렴하고 당도가 적은 드라이한 제품을 쓰거나, 먹고 남은 와인을 냉장 보관했다가 사용하면 돼요. 포트와인은 단맛이 있는 요리를 할 때 활용하는 레드와인이에요.

수프 & 스튜 기초 레슨

구비해두면 유용한
조리 효율을 높여주는 도구들

1. 냄비
밑면이 두꺼운 냄비를 주로 사용해요. 천천히 뭉근하게 끓여야 하는 수프나 스튜는 냄비가 너무 얇으면 쉽게 타거나 수분이 금방 증발해 두꺼운 냄비가 재료를 푹 익히기 좋아요.

2. 칼과 도마
무딘 칼로 억지로 자르려고 힘을 무리하게 주다가 순간 다치기 쉽습니다. 칼날을 수시로 갈아 예리하게 관리하는 것이 좋고 칼질이 서툴다면 채소 다지기 같은 초퍼를 사용해도 좋아요. 도마는 물기를 잘 제거하여 보관하세요.

3. 체
너무 고운 체는 내용물이 잘 내려가지 않기 때문에 적당한 구멍의 체만 하나 있으면 돼요. 곱게 걸러야 할 때는 키친타월이나 거즈를 덧대어 걸러주어요.

4. 핸드 블렌더
요리할 때 최소한의 도구로
요리를 해요. 이것저것 그럴싸한
조리도구를 꺼내놓고 사용하면
씻을 때 너무 귀찮더라고요.
큰 믹서기보다 성능이 좋은
핸드블렌더 하나만 사용한답니다.

5. 국자 / 스패츌러
열을 가해도 안전한 제품인지
확인하세요. 플라스틱보다는
실리콘, 나무 제품을 선호해요.

6. 치즈 그레이터
단단한 치즈를 갈아주는 도구로
'마이크로 플레인' 제품이 많이
사용해도 날이 잘 살아 있어
애용하고 있어요. 치즈 그레이터가
없을 때는 감자 껍질 벗기는 필러로
치즈를 얇게 갈아 사용해도 돼요.

수프 & 스튜 기초 레슨

가장 많이 쓰이는
밑국물(스톡) 준비하기

닭 1.2kg 1마리 기준 완성량 7~8컵(1.5ℓ)   **닭육수(치킨스톡)**

1 냄비에 물을 넣고 센 불에서 끓어오르면 닭뼈를 넣어 5~10분간 살짝 데친다.

2 데친 닭뼈만 건져 흐르는 찬물에 씻는다.

3 냄비에 닭뼈를 넣고 닭뼈가 잠길 정도로 찬물을 부은 후 다시 센 불에서 끓인다.

4 끓어오르면 양파(1개), 당근(1/4개), 셀러리(20cm), 통마늘(5알), 통후추(1큰술), 월계수(1장), 허브 등 향신료를 넣고 약한 불에서 1~2시간 정도 푹 끓인다. 고운 체에 육수를 걸러낸다.

5 위에 뜬 기름을 모두 걷어내고 밀폐용기에 소분해서 담아 냉동 보관한다.

조개 1kg 기준 완성량 5컵(1ℓ)

조개육수

1 조개는 해감된 것을 구입해 깨끗이 씻는다.

2 달군 냄비에 올리브오일을 두르고 다진 양파(1/4개), 다진마늘(1큰술)을 넣고 1~2분간 볶는다. 페페론치노를 추가해도 좋다.

3 조개를 모두 넣고 조개가 반쯤 잠기게 화이트와인을 붓는다. 뚜껑을 덮고 센 불에서 5~10분간 끓인다.

4 중간중간 뚜껑을 열고 조개를 뒤집어가며 입을 벌릴 때까지 끓인다. 입을 다 벌리면 뚜껑을 열고 한번 더 팔팔 끓인다.

5 고운 체에 걸러 육수를 완성한다. 이때 체에 키친타올이나 면보를 올린 후 내리면 고운 모래까지 걸러준다.

6 조개살은 분리해 요리에 사용하고, 육수는 밀폐용기에 소분해서 담아 냉동 보관한다.

간편하게 시판 제품 활용하기

육수가 진할 경우, 주재료의 맛을 해칠 수 있으니 연하게 만들어 사용하세요.

- **닭육수** 액상이나 가루, 고형 치킨스톡을 물에 풀어 써요. 물 2.5컵(500㎖)에 치킨스톡 1작은술(5g) 정도 비율로 섞으면 돼요.
- **조개육수** 해산물 또는 조개맛 코인으로 패키지에 적힌 비율대로 육수를 내요.

냉동 육수 활용하기

냉동 육수는 필요할 때 하나씩 꺼내 사용하되 요리 종류에 맞추어 물을 추가해 염도를 조절하세요.

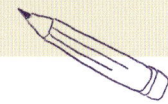

넉넉히 만들어 보관했다가
다시 데워 먹기

보관 요령

- 한번 먹을 분량만큼 소분해 밀폐용기에 담아 냉장 또는 냉동 보관하세요.
- 보관기간은 냉장은 3~4일 정도, 냉동은 1개월까지 가능해요.

다시 데워 먹을 때 주의할 점

- 냉장 또는 냉동실에 보관했다가 데워 먹는 경우, 농도와 간이 달라질 수 있어요.
- 채소에서 수분이 나와 묽어져 싱거워지거나, 재료가 수분을 빨아들여 되직해지면서 짠맛이 강해지기도 해요.
- 재가열 전에 꼭 맛을 보고 소금 간을 더하거나 육수 또는 물을 추가해 농도를 묽게 조절해 먹는 것이 좋아요.
- 수프와 스튜는 그릇에 담는 순간부터 식기 시작해요. 꼭 냄비에서 완전히 끓어오를 때까지 제대로 끓인 후 그릇에 옮겨 담아야 끝까지 맛있게 먹을 수 있어요.

남은 수프와 스튜, 다르게 활용하기
- 남은 수프나 스튜에 파스타 면을 추가해 국물 파스타로 즐기거나, 밥과 치즈를 넣어 리조또로 활용해도 좋아요.
- 수프나 스튜를 자작하게 졸여 치즈를 얹고 오븐에 구워 그라탱 형태로도 즐길 수 있어요.

PUREE SOUP

재료를 곱게 갈아 만드는
부드러운 맛의 퓨레 수프

수프라고 하면 가장 먼저 떠오르는 모습이 이 챕터에 소개한 메뉴들이 아닐까 싶어요.
모든 재료를 곱게 갈아 부드럽고 담백하게 만들어 남녀노소 모두가 먹기 좋은 퓨레 수프랍니다.
빵을 곁들여 가벼운 한 끼 식사로 즐겨도 좋고, 파스타나 고기요리 등에 곁들여도 잘 어울려요.
재료가 심플해 만들기 쉬우니, 수프가 처음인 분들이라면 이 챕터 메뉴부터 따라해보실 것을 권합니다.
따뜻하게 먹는 수프부터 여름에 먹는 냉수프까지 모두 소개했으니 사계절 내내 활용하세요.

재료를 곱게 갈아 만드는
부드러운 맛의 퓨레 수프

Potato Soup with Greens

봄나물 감자수프

어느 요리사가 어릴 때 뜨거운 '리크(Leek 서양의 파) 감자수프'에 차가운 우유를 더해 식혀 주었던 엄마를 떠올리며 만들었다는 '비시수아즈(Vichyssoise)'를 변형했어요. 리크 대신 봄이 오자마자 땅을 뚫고 나와 향이 진한 냉이를 더했답니다. 다른 봄나물이나 파, 시금치, 참나물 등으로 대체해도 잘 어울려요.

재료 3~4인분 30분 봄

- 감자 작은 것 2~3개(300g, 또는 완두콩)
- 양파 1/2개(100g)
- 냉이 2줌(100g, 또는 다른 봄나물, 초록나물)
- 다진 마늘 1/2큰술(5g)
- 닭육수 약 2컵(400㎖, 치킨스톡 1/2큰술 + 물 2컵)
- 우유 1/2컵(100g)
- 생크림 1/2컵(100g)
- 무염버터 1큰술(15g)
- 소금 2작은술(7g, 기호에 따라 가감)
- 통후추 간 것 약간

파마산크림(곁들임)
- 생크림 1/2컵(100g)
- 파르미지아노 레지아노치즈 곱게 간 것 2큰술(15g)

COOKING NOTES

- 이 수프는 마지막에 차가운 생크림을 더해 미지근한 온도예요. 그대로 즐겨도 좋고, 한번 끓여 따뜻하게 먹어도 맛있어요. 냉장실에 넣어두었다가 차갑게 먹어도 별미랍니다.

- 이 레시피처럼 감자와 양파를 푹 익혀 곱게 갈아 퓨레 수프로 먹어도 좋고, 재료를 깍둑 썰어 건더기가 있는 수프로 즐겨도 맛있어요.

- 완두콩으로 수프를 끓일 때도 이 레시피를 활용하면 맛있게 만들 수 있어요.

재료를 곱게 갈아 만드는 **부드러운 맛의 수프**

재료 준비하기

1 감자는 껍질을 벗긴다.
감자와 양파는 사방 1cm 크기로 썬다.

2 냉이는 뿌리 부분을 깨끗하게 씻은 후
1cm 길이로 잘게 썬다.

파마산크림 만들기

수프 만들기

3 볼에 생크림과 곱게 간 파르미지아노
레지아노치즈를 넣고 휘핑기로 부드럽게 휘핑을
한다. 밀폐용기에 넣어 냉장실에 보관한다.

4 달군 냄비에 버터, 양파, 냉이, 다진 마늘을 넣고
중약 불에서 1~2분간 볶는다. 소금, 후추를 넣어
간을 한다.

5 감자와 닭육수를 넣고 뚜껑을 덮은 후 약한 불로 줄여 20분간 끓인다.

6 감자가 푹 익으면 블렌더에 곱게 갈아 체에 내린다.
- 체에 내리면 더 곱고 부드러운 수프가 완성되나 생략해도 된다.

7 차가운 생크림, 우유를 붓고 골고루 섞는다.
- 따뜻하게 먹고 싶다면, 중약 불에서 데운다.

8 그릇에 수프를 담고 파마산크림을 올린다.

재료를 곱게 갈아 만드는 **부드러운 맛의 퓨레 수프**

Sweet Potato Chickpea Soup

병아리콩 고구마수프

고구마 중에서도 단맛과 수분이 특히 풍부한 호박고구마로 만든 수프예요. 호박고구마의 부드러운 단맛과 병아리콩의 고소하고 담백한 맛이 어우러져 아주 맛있답니다. 가염버터를 발라 바삭하게 구운 빵을 곁들이면 최고의 단짠 조합이죠.

재료 2~3인분 30분 가을, 겨울

- 호박고구마 작은 것 2개(200g, 또는 단호박, 다른 고구마)
- 양파 1/2개(100g)
- 병아리콩 통조림 1/2컵(100g)
- 물 2컵(400㎖)
- 생크림 3/4컵(150g)
- 무염버터 1큰술(15g)
- 설탕 3큰술(30g)
- 소금 1/2큰술(5g, 기호에 따라 가감)

곁들임
- 생크림 약간
- 통후추 간 것 약간

COOKING NOTES

- 부드러운 식감일수록 더 맛있으니 재료를 푹 익힌 후 곱게 갈아주는 것이 중요해요.

- 호박고구마는 단호박으로 대체했을 때 가장 비슷해요. 다른 고구마를 쓴다면 수분과 단맛 정도가 다를 수 있으니 맛을 보며 물과 설탕의 양을 가감하세요.

- 통조림 대신 말린 병아리콩을 익혀 활용한다면, 먼저 큰 볼에 넉넉한 양의 찬물과 세척한 병아리콩을 넣어 냉장실에서 6시간 이상 불려요. 불린 병아리콩을 큰 냄비에 넣고 2~3배 정도 분량의 물을 부어 중간 불에서 30분~1시간 으깨질 정도로 푹 삶아요.

재료를 곱게 갈아 만드는
부드러운 맛의 퓨레 수프

재료 준비하기

1 병아리콩은 체에 밭쳐 물기를 뺀다.

2 호박고구마는 껍질을 벗긴다.
호박고구마와 양파는 사방 1cm 크기로 썬다.

수프 만들기

3 달군 냄비에 버터, 호박고구마, 양파를 넣고
약한 불에서 5분간 볶는다.

4 물을 붓고 뚜껑을 덮어 20분간 끓여 푹 익힌다.

5 호박고구마가 푹 익으면, 병아리콩을 넣고 끓인다. 끓어오르면 불을 끈 후 블렌더로 곱게 간다.

6 수프에 생크림, 설탕, 소금을 넣는다. 그릇에 담고 생크림과 통후추 간 것을 약간 뿌린다.
- 호박고구마 당도에 따라 맛을 보며 설탕의 양을 가감한다.

재료를 곱게 갈아 만드는 **부드러운 맛의 퓨레 수프**

Pumpkin Chestnut Soup

단호박 밤수프

단호박과 밤을 듬뿍 넣어 가을의 맛을 제대로 느낄 수 있는 메뉴입니다. 단호박과 밤을 푹 익힌 후 곱게 갈아 부드럽게 목으로 넘어가는 느낌이 좋아요.
단호박의 은은한 단맛이 아주 매력적인 수프랍니다.

재료

2~3인분 / 40분 / 가을, 가을

- 단호박 1/4개(250g, 또는 호박고구마)
- 깐 밤 10개(100g, 또는 밤고구마)
- 양파 1/8개(25g)
- 닭육수 약 2.5컵(500㎖, 치킨스톡 1작은술 + 물 2.5컵)
- 생크림 1/2컵(100g)
- 무염버터 1.5큰술(25g)
- 밤꿀 2큰술(30g, 또는 다른 꿀, 메이플시럽)
- 설탕 1큰술(10g)
- 소금 1작은술(5g, 기호에 따라 가감)
- 시나몬파우더 약간(생략 가능)

곁들임

- 올리브오일 약간
- 통후추 간 것 약간

COOKING NOTES

- 부드러운 식감일수록 더 맛있으니 재료를 푹 익힌 후 곱게 갈아주는 것이 중요해요.

- 단호박과 밤의 비율은 취향껏 조절해도 됩니다. 단호박이 많아지면 달콤해지고, 밤이 많아지면 담백해지죠.

- 밤꿀은 항산화 성분이 풍부해 건강꿀로 알려져 있는데요, 특유의 쌉싸래한 풍미가 있어 수프 맛에 개성을 더해줍니다.
밤꿀이 없다면 다른 꿀이나 메이플시럽을 넣어도 좋아요.

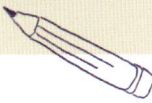

재료를 곱게 갈아 만드는 **부드러운 맛의 퓨레 수프**

재료 준비하기

1 단호박, 밤은 껍질을 벗긴 후 푹 익기 좋게 얇게 썬다.

2 양파는 얇게 채 썬다.

수프 만들기

3 달군 냄비에 버터, 양파를 넣고 중약 불에서 1~2분간 볶는다.

4 단호박, 밤을 넣고 1분간 더 볶는다.

5 닭육수를 붓고 센 불에서 끓기 시작하면 약한 불로 줄여 뚜껑을 덮고 30분간 푹 익힌다.

6 단호박, 밤이 푹 잘 익으면 블렌더로 곱게 간다.

7 생크림, 밤꿀, 설탕, 소금을 넣고 잘 섞는다. 취향에 따라 시나몬파우더를 더한다. 그릇에 담고 올리브오일과 통후추 간 것을 약간 뿌린다.

재료를 곱게 갈아 만드는 **부드러운 맛의 퓨레 수프**

Apple Pumpkin Soup

사과 단호박수프

가을이 제철인 사과와 단호박을 이용한 수프입니다. 단호박수프 자체도 맛있지만 사과가 가지고 있는 단맛과 약간의 산미가 더해지면 무거운 느낌의 단호박수프를 가볍고 상큼하게 즐길 수 있죠. 시나몬 향이 은은하게 나면서 고소한 버터와의 조화도 참 좋답니다.

재료 🍴 3~4인분 ⏱ 50분 📅 가을, 겨울

- 단호박 1/3개(350g, 또는 호박고구마)
- 사과 1개(200g)
- 물 2.5컵(500㎖)
- 생크림 2큰술(30g)
- 무염버터 4큰술(60g)
- 설탕 3큰술(30g)
- 소금 1작은술(3g, 기호에 따라 가감)

시나몬크림 (곁들임)
- 생크림 1/2컵(100g)
- 설탕 2큰술(20g)
- 시나몬파우더 약간

COOKING NOTES

- 사과와 단호박을 푹 익히는 것이 중요해요. 덜 익으면 부드러운 맛이 없어지고 거친 식감이 생겨요.

- 이 수프에서는 버터를 충분히 볶아 '브라운버터'로 만든 후 재료를 볶는데, 이렇게 하면 수프의 고소한 맛과 향이 극대화돼요. 브라운버터는 특유의 향이 비슷해서 '헤이즐넛버터'라고도 불러요.

- 사과와 단호박 모두 시나몬과 잘 어울리는 재료이니, 시나몬크림을 꼭 곁들여보세요. 풍미가 정말 고급스러워져요.

재료를 곱게 갈아 만드는
부드러운 맛의 퓨레 수프

재료 준비하기

1 사과는 껍질을 벗겨 0.5cm 두께로 얇게 썬다.

시나몬크림 만들기

2 단호박은 씨를 제거한 후 껍질을 벗겨 0.5cm 두께로 얇게 썬다.

3 볼에 생크림, 설탕, 시나몬파우더를 넣고 휘핑기로 부드럽게 휘핑을 한다. 밀폐용기에 넣어 냉장실에 보관한다.

브라운버터 만들기

4 달군 냄비에 버터를 넣고 약한 불에서 5분간 잘 저어가며 갈색 빛의 브라운버터를 만든다.

수프 만들기

5 사과, 단호박, 설탕을 넣고 1~2분간 더 볶는다.

6 물을 붓고 뚜껑을 덮은 후 센 불로 끓인다. 끓기 시작하면 약한 불로 줄인 후 사과와 단호박이 푹 익을 때까지 30분간 익힌다.

7 블렌더로 곱게 간다. 소금과 생크림을 넣고 골고루 섞는다. 그릇에 담고 시나몬크림을 올린다.
   • 시나몬파우더를 더 뿌려도 좋다.

재료를 곱게 갈아 만드는 **부드러운 맛의 퓨레 수프**

Sweet Corn Soup

초당옥수수수프

초여름 한두 달 정도만 나오는 초당옥수수는
즙이 많고 단맛이 풍부해 좋아하는 분들이 많죠.
초당옥수수를 갈아 즙만 짜서 만드는 이 별미 수프는
재료 본연의 단맛을 고스란히 담아낸 메뉴랍니다.
다른 옥수수나 통조림은 즙이 많지 않아 대체하기
어려우니, 다른 계절에는 냉동한 것을 활용하세요.

재료 2~3인분 20분 여름

- 초당옥수수 4개(약 600g)
- 우유 2컵(400g)
- 베이컨 2줄(30g)
- 소금 1작은술(3g, 기호에 따라 가감)
- 통후추 간 것 약간

COOKING NOTES

- 초당옥수수의 초당 뜻은 'Super Sweet' 입니다. 이 옥수수는 일반 옥수수보다 단맛이 20~30% 더 강하죠. 수분도 풍부해 과일 같은 느낌이 듭니다.

- 초당옥수수는 초여름에만 나오니 넉넉히 사서 냉동했다가 다른 계절에도 이 수프를 만들어보세요. 냉동할 때는 껍질 한 겹만 남기고 그대로 냉동했다가, 냉장고나 실온에서 해동 후 요리하면 됩니다. 냉동된 것도 판매해요.

- 초당옥수수의 즙만 활용한 묽은 수프라서 다른 채소를 추가하거나 새우나 관자를 구워 곁들여도 잘 어울리고 맛있어요.

재료를 곱게 갈아 만드는 **부드러운 맛의 퓨레 수프**

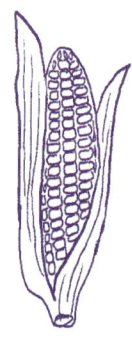

재료 준비하기

1 초당옥수수는 칼로 알갱이만 썰어낸다.

베이컨 크럼블 만들기

2 알갱이는 블렌더로 곱게 간다.
면보, 체를 활용해 걸러 초당옥수수 주스를 만든다.
• 즙이 많아 물을 넣지 않아도 잘 갈아진다.

3 베이컨은 곱게 다진다. 달군 팬에 베이컨을 넣고 중약 불에서 10분간 바삭하게 굽는다.

수프 만들기

4 달군 냄비에 초당옥수수 주스와 우유를 넣고 약한 불에서 5분간 끓인다.

5 초당옥수수가 익으면서 점점 걸쭉한 농도로 변하면 소금으로 간을 맞춘다.

6 그릇에 초당옥수수 수프를 담고 베이컨 크럼블과 통후추 간 것을 올린다.

재료를 곱게 갈아 만드는 **부드러운 맛의 퓨레 수프**

Truffle Mushroom
Cream Soup

54

트러플 버섯수프

버섯을 긴 시간 볶아 진한 풍미를 최대한 살린 후 은은한 트러플 향까지 더해 고급스럽게 즐기는 버섯 크림수프입니다. 트러플오일로 향을 추가하는데, 없다면 엑스트라 버진 올리브오일을 뿌려도 돼요. 이 수프는 특히 소고기 스테이크와 잘 어울린답니다.

재료　　2~3인분　　40분　　가을, 겨울

- 모둠 버섯 250g(양송이버섯, 느타리버섯, 표고버섯 등)
- 양파 1/2개(100g)
- 다진 마늘 1작은술(5g)
- 닭육수 약 2컵(400㎖, 치킨스톡 1/2큰술 + 물 2컵)
- 생크림 1.5컵(300g)
- 화이트와인 2큰술(20g, 또는 청주)
- 무염버터 1큰술(15g)
- 소금 1작은술(4g, 기호에 따라 가감)
- 통후추 간 것 약간

곁들임

- 느타리버섯 20~30g
- 올리브오일 약간(버섯구이용)
- 소금 약간(버섯구이용)
- 통후추 간 것 약간(버섯구이용)
- 트러플오일 약간(또는 올리브오일)

COOKING NOTES

- 버섯을 오래 볶아 수분을 바싹 날리는 것이 맛의 포인트입니다. 버섯에 물기가 많이 남아 있으면 물이 나와 싱거워지고 진한 맛을 내기 어려워요.

- 닭육수와 생크림 양을 반으로 줄여 되직하게 끓이면 파스타 소스로도 활용할 수 있어요.

재료를 곱게 갈아 만드는 **부드러운 맛의 퓨레 수프**

재료 준비하기

1 양파는 사방 1cm 크기로 썬다.

2 버섯은 사방 1cm 크기로 썬다. 곁들임용 느타리버섯은 큼직하게 썬다.

버섯구이 만들기

3 오븐 팬에 곁들임용 느타리버섯을 올리고 올리브오일, 소금, 후추를 살짝 뿌린다. 180℃로 예열된 오븐에서 10~15분간 노릇하게 굽는다.

수프 만들기

4 달군 냄비에 버터, 버섯, 양파, 다진 마늘을 넣고 소금, 후추로 간을 한다. 센 불에서 5분간 볶아 마늘이 갈색이 되면 중간 불로 줄여 버섯이 갈색이 되고 수분이 거의 없어질 때까지 10분간 볶는다.

5 화이트와인을 넣고 알코올이 날아가도록 센 불에서 1분간 볶는다.

6 불을 끄고 닭육수, 생크림을 붓는다.

7 블렌더로 곱게 간다.

8 약한 불에서 끓여 끓어오르면 바로 불을 끈다. 구운 느타리버섯, 트러플오일, 통후추 간 것을 올린다.

재료를 곱게 갈아 만드는 **부드러운 맛의 퓨레 수프**

Roasted
Cauliflower
Soup

구운 콜리플라워수프

콜리플라워는 구우면 부드럽고 고소한 맛이
극대화됩니다. 구운 콜리플라워에 마카다미아,
브라운버터까지 더해 풍미를 더욱 풍부하게 했어요.
크리미하고 부드러운 수프라 빵과 매우 잘 어울려요.
식사빵을 곁들여 든든하게 즐기세요.

재료 2~3인분 60분 가을, 겨울

- 콜리플라워 1/2개(150g, 또는 브로콜리)
- 양파 1/4개(50g)
- 마늘 2쪽(10g)
- 마카다미아 1~2큰술(15g, 또는 잣, 캐슈넛)
- 닭육수 약 2컵
  (400㎖, 치킨스톡 1작은술 + 물 2컵)
- 생크림 1/2컵(100g)
- 무염버터 2큰술(30g)
- 올리브오일 1큰술(15g)
- 소금 1/2큰술(5g, 기호에 따라 가감)
- 통후추 간 것 약간
- 다진 파슬리 약간(생략 가능)

COOKING NOTES

- 냉동 콜리플라워를 사용할 경우 수분이 많으므로 시간을 늘려 천천히 노릇하게 될 때까지 구우세요.

- 이 수프에서는 버터를 충분히 볶아 '브라운버터'로 만든 후 재료를 볶는데, 이렇게 하면 수프의 고소한 맛과 향이 극대화돼요. 브라운버터는 특유의 향이 비슷해서 '헤이즐넛버터'라고도 불러요.

- 브로콜리로 수프를 끓일 때도 이 레시피를 활용하면 맛있게 만들 수 있어요.

재료를 곱게 갈아 만드는
부드러운 맛의 퓨레 수프

재료 준비하기

1 콜리플라워와 양파는 큼직하게 썬다. 마늘은 얇게 슬라이스한다.

2 달군 팬에 마카다미아를 넣고 약한 불에서 5분간 노릇하게 색이 나도록 굽는다.

3 오븐 팬에 콜리플라워, 양파, 마늘, 올리브오일, 소금, 통후추 간 것을 올리고 200℃로 예열한 오븐에서 20분간 노릇해질 때까지 굽는다.

브라운버터 만들기 & 수프 만들기

4 달군 냄비에 버터를 넣고 약한 불에서 5분간 잘 저어가며 갈색 빛의 브라운버터를 만든다.

5 브라운버터에 오븐에 구운 콜리플라워, 양파, 마늘과 마카다미아, 닭육수, 소금을 넣고 블렌더로 간다.

6 생크림을 넣고 중간 불에서 5분간 저어가며 끓인다. 그릇에 담고 다진 파슬리를 올린다.

재료를 곱게 갈아 만드는 **부드러운 맛의 퓨레 수프**

Kohlrabi Brown Butter Soup

콜라비 브라운버터 수프

콜라비는 무보다 단맛이 강하고 매운맛이 적어요. 또한 천천히 푹 익히면 단맛이 진해져 더 맛있어진답니다.
푹 익어 달큰한 콜라비에 브라운버터를 더해 한입 먹으면 고소한 풍미가 입안 가득해지는 수프예요.

COOKING NOTES

- 버터 대신 브라운버터를 만들어 사용하면 견과류 같은 고소함이 극대화됩니다. 고소한 풍미가 좋아 '헤이즐넛버터'라고 불리기도 하죠.

재료를 곱게 갈아 만드는 **부드러운 맛의 퓨레 수프**

재료 준비하기

1 콜라비는 껍질을 벗긴 후 1cm 두께로 썬다.

 4인분
 40분
 봄, 가을

재료

- 콜라비 중간크기 1개
  (450g, 또는 무, 순무, 콜리플라워)
- 무염버터 3큰술(45g)
- 닭육수 약 1.5컵
  (300㎖, 치킨스톡 1/2작은술 + 물 1.5컵)
- 생크림 1컵(200g)
- 소금 1/2큰술(5g, 기호에 따라 가감)
- 통후추 간 것 약간
- 올리브오일 약간

브라운버터 만들기

2 달군 냄비에 버터를 넣고 약한 불에서 5분간 잘 저어가며 갈색 빛의 브라운버터를 만든다.

수프 만들기

3 콜라비, 닭육수를 넣고 센 불에서 끓인다.
  끓어오르면 약한 불로 줄여 뚜껑을 덮고 30분간 푹 삶는다.

4 블렌더로 곱게 간 후 생크림, 소금을 넣고 섞는다.
  그릇에 담고 올리브오일과 통후추 간 것을 올린다.

재료를 곱게 갈아 만드는 **부드러운 맛의 퓨레 수프**

Tomato Cream Soup and Puff Pastry

토마토 크림수프와 퍼프 페이스트리

걸쭉하고 크리미한 토마토 크림수프는
날씨가 추워지는 가을, 겨울에 잘 어울리죠.
퍼프 페이스트리를 찢어 수프에 푹 적셔 먹으면
고급 레스토랑이 부럽지 않아요.
이 수프는 그릇째 오븐에 굽기 때문에 쉽게 식지 않아
천천히 뜨겁게 즐길 수 있답니다.

재료   3~4인분   60분 가을, 겨울

- 홀토마토 통조림 또는 토마토 퓨레 4컵(800g)
- 토마토 페이스트 1큰술(15g)
- 양파 작은 것 1개(180g)
- 다진 마늘 1큰술(10g)
- 닭육수 약 2.5컵(500㎖, 치킨스톡 1작은술 + 물 2.5컵)
- 생크림 2.5컵(500g)
- 화이트와인 3큰술(40g, 또는 청주)
- 올리브오일 1큰술(15g)
- 타임 약간(또는 오레가노, 바질, 월계수잎 등, 생략 가능)
- 설탕 2큰술(20g)
- 소금 2작은술(7g, 기호에 따라 가감)
- 통후추 간 것 약간

퍼프 페이스트리(곁들임, 생략 가능)
- 냉동 사각 퍼프 페이스트리 3~4장(그릇을 감싸는 크기)
- 달걀 노른자 1개분
- 물 1작은술(5g)

COOKING NOTES

- '퍼프 페이스트리'는 버터가 듬뿍 들어가는 페이스트리 반죽을 얇게 해서 여러 장 겹친 것으로 주로 파이에 많이 쓰여요. 직접 만들기는 번거로우니 냉동 사각 제품을 활용하세요.

- 퍼프 페이스트리는 그릇에 단단히 고정시켜야 오븐에 넣고 구울 때 공기가 새어나가지 않고 봉긋하게 잘 구워집니다.

- 퍼프 페이스트리 없이 수프만 만들어서 구운 크로와상을 곁들여도 좋아요.

재료를 곱게 갈아 만드는 **부드러운 맛의 퓨레 수프**

재료 준비하기

1 종이포일에 냉동 퍼프 페이스트리를 올리고 실온에 10분간 둔다. 반쯤 녹았을 때 사진처럼 그릇 윗면을 뒤집어서 그릇보다 살짝 크게 잘라 완전히 해동한다.
  • 수프 그릇은 오븐에 넣어도 되는 것으로 준비한다.

2 양파는 사방 1cm 크기로 썬다.
퍼프 페이스트리에 바를 달걀 노른자와 물(1작은술)을 섞어 달걀물을 만들어둔다.

수프 만들기

3 달군 냄비에 올리브오일을 두르고 양파, 다진 마늘을 넣고 색이 나지 않게 약한 불에서 1~2분간 볶는다.

4 토마토 페이스트를 넣고 바닥이 타지 않도록 저어가며 1분간 볶는다. 화이트와인을 넣고 센 불에서 1분간 끓여 알코올을 충분히 날린다.

5 홀토마토, 닭육수, 타임을 넣고 약한 불에서 반 정도 분량으로 줄 때까지 약 30분간 끓인다.

6 블렌더로 곱게 간다.

7 체에 거른 후 생크림을 넣고 설탕, 소금, 후추로 간을 맞춘다.
- 체에 내리면 더 곱고 부드러운 수프가 완성되나, 생략해도 된다.

8 그릇에 수프를 담고 퍼프 페이스트리로 잘 감싸며 덮는다.

9 달걀물을 바르고 200℃로 예열된 오븐에서 10~15분간 노릇해질 때까지 굽는다.
- 허브가 있다면 올려서 장식한다.

재료를 곱게 갈아 만드는 **부드러운 맛의 퓨레 수프**

Peach Gazpacho

70

천도복숭아 가스파초

아프리카 대륙과 맞닿아 있어 여름이 유독 더운
스페인 남부 안달루시아 지방의 대표 음식인
'가스파초(Gaspacho)'는 재료를 익히지 않고 곱게 갈아
냉장실에 넣어두었다가 차갑게 먹는 냉수프랍니다.
취향에 따라, 계절에 따라 재료를 다양하게 바꿔
만들 수 있어요. 여름에는 수박이나 메론도 좋아요.
다른 계절에는 토마토나 딸기, 망고 등을 추천해요.

재료 2인분 30분 여름

- 천도복숭아 3개(100g, 또는 수박, 멜론)
- 토마토 작은 것 1/2개(60g)
- 샬롯 1/8개(5g, 또는 양파)
- 오이 1/10개(20g)
- 바질 3장(2g, 또는 다른 허브)
- 올리브오일 1.5큰술(20g)
- 셰리와인식초 1작은술(5g, 또는 화이트 발사믹식초나 다른 식초)
- 레몬즙 1/2작은술(2g)
- 설탕 1작은술(4g)
- 소금 약간

곁들임

- 천도복숭아 약간
- 바질잎 약간
- 올리브오일 약간

COOKING NOTES

- 상큼한 맛을 더하기 위해 셰리와인식초를 썼어요. 이탈리아의 식초가 '발사믹'이라면 스페인은 '셰리와인식초'인데요, 셰리와인으로 만드는 이 식초는 발사믹식초보다 색이 연하고 단맛이 적으며 산뜻해요. 대체할 때는 색이 진한 레드보다 화이트 발사믹식초를 추천해요.

- 가스파초는 차갑게 먹는 수프라서 미리 만들어 밀폐용기에 담아 냉장실에 보관했다가 먹어요.

- 냉장실에서 꺼내 그릇에 담기 전 꼭 골고루 섞어주세요.

재료를 곱게 갈아 만드는 **부드러운 맛의 퓨레 수프**

재료 준비하기

1 수프용 천도복숭아는 반을 갈라 씨를 빼고 큼직하게 썬다. 곁들임용은 사방 0.3cm 크기로 잘게 썬다.

2 토마토는 토치로 그을려 껍질을 벗긴다.
- 토마토를 포크로 찍어 가스레인지 불에 그을려 껍질을 벗기거나, 꼭지 반대쪽에 열십자(+)로 칼집을 낸 후 끓는 물에 살짝 데쳐 껍질을 벗겨도 된다.

3 반으로 썰어 가운데 씨 부분을 제거하고 큼직하게 썬다.

4 샬롯, 오이도 큼직하게 썬다.

수프 만들기

5 모든 재료를 블렌더로 곱게 간다.

6 밀폐용기에 담아 냉장실에서 차갑게 보관한다. 그릇에 차가운 수프를 담고 다진 복숭아, 바질잎, 올리브오일을 올린다.

재료를 곱게 갈아 만드는 **부드러운 맛의 퓨레 수프**

Cucumber Lime Gazpacho

오이 요거트 가스파초

불 조리 없이 휘리릭 만들 수 있어 더운 여름에
시원하고 상큼하게 먹기 좋은 수프입니다.
건강한 그린 스무디처럼 가볍게 즐겨보세요.

재료를 곱게 갈아 만드는 **부드러운 맛의 퓨레 수프**

재료 준비하기

1 라임은 깨끗이 씻은 후 치즈그레이터(또는 제스터나 강판 등)로 초록색 껍질만 벗겨 곁들임용으로 쓸 라임제스트를 약간만 만들어둔다.

 2인분
 15분
여름

재료

- 오이 1/10개(20g)
- 꾸덕한 무가당 그릭요거트 1.5큰술(20g)
- 라임 1개(30g, 또는 레몬)
- 바질잎 7~8장(5g)
- 꿀 2큰술(30g)
- 찬물 1/5컵(40㎖)

곁들임

- 라임제스트 약간
- 올리브오일 약간
- 바질잎 약간
  (또는 딜, 케일 등, 생략 가능)

2 제스트를 만든 라임을 반으로 갈라 즙을 짠다. 오이는 큼직하게 썬다.
  • 라임즙은 2큰술 정도 나오면 된다. 부족하면 라임즙이나 레몬즙을 추가해 총량을 맞춘다.

수프 만들기

3 모든 재료를 블렌더로 곱게 간다. 그릇에 담고 라임제스트, 바질, 올리브오일을 올린다.
  • 밀폐용기에 담아 냉장실에서 차갑게 한 후 먹으면 더 맛있다.

COOKING NOTES

• 꾸덕한 그릭요거트 대신 약간 묽은 플레인 요거트를 쓴다면 물의 양을 줄여 농도를 맞추세요.

• 라임즙 대신 사과즙을 활용하면 더 달콤하게 즐길 수 있어요.

• 제스트(Zest)는 요리에 향미를 더하기 위해 쓰는 오렌지, 레몬 등의 껍질로 흰 부분은 쓴맛이 날 수 있으니 색이 있는 부분만 사용해요.

재료를 곱게 갈아 만드는 **부드러운 맛의 퓨레 수프**

Eggplant and Sea Urchin Gazpacho

구운 가지 성게알 가스파초

구운 가지의 진한 단맛과 성게알이 어우러져
녹진하고 부드러운 맛의 수프입니다.
성게알이 들어가 고급스러움을 더하는데,
재료를 구하기 어렵다면 구운 마늘(쿠킹노트
참조)로 대체해도 된답니다.
파스타면을 곁들이면 콜드파스타로도
즐길 수 있어요.

재료 2인분 60분 여름

- 성게알 50g(20쪽 참고)
- 가지 2개(250g)
- 찬물 1/2컵(100㎖)
- 소금 1작은술(4g, 기호에 따라 가감)
- 통후추 간 것 약간

곁들임
- 성게알 약간
- 송송 썬 차이브 약간(또는 쪽파, 생략 가능)
- 올리브오일 약간

재료를 곱게 갈아 만드는 **부드러운 맛의 퓨레 수프**

재료 준비하기

1 가지는 오븐 팬에 올려 껍질에 올리브오일을 바른다.

수프 만들기

2 가지를 220℃로 예열된 오븐에서 40분간 겉이 까맣게 탈 때까지 굽는다.

3 태운 가지는 껍질을 벗겨내고 속살만 발라 냉장실에서 차게 식힌다.

4 큰 볼에 성게알, 가지 속살, 찬물, 소금, 후추를 넣는다.

5 블렌더로 곱게 간다.

6 그릇에 수프를 담고 성게알, 차이브, 올리브오일을 올린다.
- 밀폐용기에 담아 냉장실에서 차갑게 한 후 먹으면 더 맛있다.

COOKING NOTES

- 취향에 따라 성게알을 듬뿍 넣어 진하게 즐겨도 좋아요.

- 곁들임으로 올리는 성게알 대신 어란이나 캐비어를 올리면 훨씬 고급스럽게 즐길 수 있어요.

- 성게알이 구하기 어렵거나 부담스럽다면 동량의 구운 마늘로 대체해도 좋아요. 이때 마늘은 가지 구울 때 통으로 함께 구우세요.

- 79쪽 요리사진 오른쪽 메뉴처럼 얇은 카펠리니 파스타(일반이나 먹물)를 삶아 한 김 식힌 다음 수프에 곁들여 콜드 파스타로 만들어도 맛있어요.

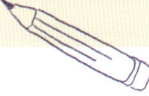

CHUNKY SOUP

국물과 건더기를 함께 즐기는
풍부한 식감의 청키 수프

이 챕터에서는 국물과 함께 푸짐한 건더기를 즐길 수 있는 수프를 모아 소개해요.
퓨레 수프보다 조금 더 푸짐하고 화려해 일품요리로 즐기기에도 부족함이 없답니다.
국물은 콩소메처럼 맑은 것부터 토마토나 크림이 들어가는 것까지 다양하고,
건더기 재료도 채소나 버섯부터 육류, 해산물에 이르기까지 다채롭게 활용할 수 있어요.
취향에 따라 재료를 썰거나 익히는 시간을 조절해 원하는 식감으로 만드세요.

국물과 건더기를 함께 즐기는 **풍부한 식감의 청키 수프**

Tomato Veggie Soup

토마토 채소수프

아주 간단하고 만들기 쉬운 수프입니다. 매콤하면서 깔끔한 맛의 토마토 채소수프는 입맛 없는 더운 여름에 특히 잘 어울려요. 이 수프에는 가염버터에 구워 입에 착 감기는 맛의 캄파뉴를 곁들이면 정말 맛있는데요, 시리얼처럼 계속 추가해 넣어 먹는 재미가 있답니다. 빵의 짭조름하고 바삭한 맛과 수프의 촉촉한 맛을 동시에 느낄 수 있는 매력적인 메뉴예요.

재료 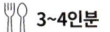 3~4인분   30분   사계절

- 홀토마토 통조림 400g(또는 완숙토마토 3~4개)
- 양파 1/2개(100g)
- 다진 마늘 1.5큰술(15g)
- 타임 약간(생략 가능)
- 닭육수 약 2.5컵(500㎖, 치킨스톡 1작은술 + 물 2.5컵)
- 화이트와인 2큰술(30g, 또는 청주)
- 올리브오일 1큰술(15g)
- 설탕 1큰술(10g)
- 소금 1작은술(3g, 기호에 따라 가감)
- 파프리카파우더 1작은술(2g)
- 카이엔페퍼 약간(생략 가능)

곁들임
- 캄파뉴 1/2개(또는 다른 빵)
- 가염버터 3큰술(45g, 빵 굽는용)
- 그뤼에르치즈 10g(또는 파마산치즈)
- 올리브오일 약간

COOKING NOTES

- 끓이는 시간이 짧은 수프는 채소를 작게 썰수록 조리시간이 단축됩니다.

- 셀러리, 당근 등 자투리 채소를 추가할 경우 물을 1/2컵 정도 더 넣고 채소가 익을 때까지 끓여요.

- 캄파뉴는 칼로 반듯하게 써는 것보다 손으로 자연스럽게 찢어 구우면 들쭉날쭉한 가장자리가 모두 바삭하게 구워져 식감이 더 좋아요.

- 수프를 뜨겁게 끓인 후 그릇에 담자마자 치즈를 올리면 치즈가 자연스럽게 잘 녹으니 꼭 뜨겁게 끓여 플레이팅을 완성하세요.

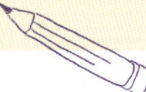

재료 준비하기

1 양파는 사방 1cm 크기로 썬다.

2 캄파뉴는 한입 크기로 손으로 뜯는다.

3 그뤼에르치즈는 치즈그레이터에 굵게 갈거나 칼로 얇게 썰어 준비한다.

캄파뉴 굽기

4 달군 냄비에 가염버터를 넉넉하게(빵이 골고루 적셔질 정도) 넣고 녹으면 캄파뉴를 넣는다. 캄파뉴가 골고루 색이 나도록 약한 불에서 5분간 노릇하게 구운 후 식힌다.

수프 만들기

5 달군 냄비에 올리브오일을 두르고 양파, 다진 마늘, 타임을 넣어 중간 불에서 1~2분간 볶는다.

6 바닥에 눌어붙을 때 화이트와인을 넣고 센 불로 1분간 끓여 알코올을 날린다.

7 홀토마토, 닭육수를 넣고 센 불에서 끓어오르면 설탕, 소금, 파프리카파우더, 카이엔페퍼를 넣어 간을 맞춘다.

8 중간 불로 줄여 홀토마토를 주걱으로 으깨가며 15분간 더 끓인다. 그릇에 담고 뜨거울 때 치즈, 올리브오일을 올린다. 구운 캄파뉴를 곁들인다.
• 허브가 있다면 올려서 장식한다.

국물과 건더기를 함께 즐기는
풍부한 식감의 청키 수프

Bacon Green Bean Tomato Soup

베이컨 그린빈 토마토수프

채소가 듬뿍 들어가고 베이컨이 맛을 잡아주어 매일 먹어도 참 맛있는 수프입니다. 입맛 없는 아침에 먹기 좋으니 넉넉히 끓여두었다가 아침식사로 간편하게 데우기만 해서 즐기세요.

국물과 건더기를 함께 즐기는 **풍부한 식감의 청키 수프**

재료 준비하기

1 그린빈은 4cm 길이로 어슷 썬다. 냉동 완두콩은 찬물에 5~10분간 담가 해동한다.

2 양파, 베이컨은 사방 1cm로 썬다.

2~3인분
30분
사계절

재료

- 홀토마토 통조림 200g
  (또는 완숙토마토 1.5개)
- 그린빈 6~7개
  (50g, 또는 아스파라거스나 브로콜리)
- 냉동 완두콩 3큰술(30g)
- 양파 1/2개(100g)
- 베이컨 5줄(70g)
- 다진 마늘 1큰술(10g)
- 닭육수 약 2.5컵
  (500㎖, 치킨스톡 1작은술 + 물 2.5컵)
- 올리브오일 1큰술(15g)
- 소금 약간
- 통후추 간 것 약간
- 파프리카파우더 1큰술(6g)

수프 만들기

3 달군 냄비에 올리브오일을 두르고 중간 불에서 베이컨을 볶는다. 베이컨에서 기름이 나오면 양파, 다진 마늘을 넣고 5분간 더 볶는다.

4 홀토마토, 닭육수를 넣고 주걱으로 토마토 덩어리를 으깨가며 약한 불에서 20분간 끓인다.

5 그린빈, 소금, 후추, 파프리카파우더를 넣고 1분간 더 끓인다.

6 그린빈이 다 익으면 완두콩을 넣고 불을 끈다.
• 허브가 있다면 올려서 장식한다.

COOKING NOTES

- 베이컨에서 충분히 기름이 나와 오일을 따로 두르지 않고 그대로 채소를 볶으면 훈제향이 배어들어 풍미가 좋아집니다.

- 토마토는 통조림 홀토마토를 사용하거나 토마토 퓨레, 완숙 토마토를 크게 썰어 넣어 활용해요.

- 그린빈, 완두콩은 너무 오래 가열하면 칙칙한 초록색으로 변해요. 1~2분 정도만 끓인 후 바로 불을 꺼주세요.

- 생완두콩을 쓴다면 끓는 물에 10분 정도 삶아 찬물에 헹궈 넣으면 돼요.

국물과 건더기를 함께 즐기는 **풍부한 식감의 청키 수프**

Sausage Lentil Soup

소시지 렌틸콩 채소수프

소시지의 감칠맛과 베이컨의 훈제향에
고소한 렌틸콩이 부드럽게 으깨지며 어우러져
깔끔한 맛의 맑은 부대찌개를 먹는 느낌이에요.
냉장고에 남아 있는 어떤 자투리 채소를 넣어도
좋아요. 시장에 있는 재료가 다 들어간다고 해서
'마켓수프'라는 이름으로 불리기도 한답니다.

재료 4인분 30분(+ 렌틸콩 불리기 30분) 사계절

- 이탈리안 소시지 약 2개(200g, 살시챠, 또는 다른 소시지)
- 베이컨 2줄(30g)
- 렌틸콩 1/2컵(불리기 전, 80g)
- 홀토마토 통조림 100g
- 양파 1/2개(100g)
- 무 50g
- 셀러리 10cm 4~5개(100g)
- 다진 마늘 1.5큰술(15g)
- 닭육수 약 3컵(600㎖, 치킨스톡 1.2작은술 + 물 3컵)
- 화이트와인 2큰술(30g, 또는 청주)
- 올리브오일 1큰술(15g)
- 소금 1/2작은술(2g, 기호에 따라 가감)
- 통후추 간 것 약간
- 카이엔페퍼 약간(생략 가능)

COOKING NOTES

- 이탈리아의 생 소시지
'살시챠(Salsiccia)'는 돼지고기에
마늘, 후추 등을 넣어 만들어요.
주로 파스타나 수프에 활용해요.

- 수프에 베이컨이 들어가는 경우,
베이컨을 먼저 볶아 나온 기름에 채소를
볶으면 풍미도 진해지고 채소에 짭조름한
맛이 배어 더 맛있어집니다.

- 렌틸콩 대신 강낭콩이나 병아리콩을
사용해도 좋고, 통조림 콩을 활용해
조리시간도 줄일 수 있어요.
통조림 제품은 콩을 흐르는 물에 한번
씻어낸 후 바로 수프에 넣으면 됩니다.

재료 준비하기

1 렌틸콩은 물에 30분 이상 불린다.

2 양파, 무, 셀러리는 렌틸콩과 비슷한 크기로 굵게 다진다.

3 소시지와 베이컨은 1cm 두께로 썬다.

수프 만들기

4 달군 냄비에 올리브오일을 두르고 소시지, 베이컨을 넣어 중간 불에서 1분간 볶는다.

5 베이컨에서 기름이 나오면 양파, 무, 셀러리, 다진 마늘을 함께 넣고 1~2분간 더 볶는다.

6 화이트와인을 넣고 센 불로 끓여 알코올을 날려가며 1분간 반 이상 졸인다.

7 렌틸콩, 홀토마토, 닭육수를 넣고 약한 불에서 20분간 푹 끓인다.

8 끓이면서 떠오르는 기름은 제거한다.

9 렌틸콩이 푹 익었으면 소금, 후추, 카이엔페퍼로 취향에 따라 간을 맞춘다.

국물과 건더기를 함께 즐기는 **풍부한 식감의 청키 수프**

Sweet Corn Soup with Summer Squash

여름 호박 초당옥수수수프

여름 식재료들이 한 그릇에 모여 있는
싱그러운 색깔의 수프입니다.
초당옥수수의 달큰한 맛과 부드럽게 익은
여름의 초록호박이 잘 어우러지는 맛이죠.
집에 있는 어떤 호박을 사용해도 다 좋아요.

재료  2~3인분   30분   여름

- 초당옥수수 4개(600g)
- 초록호박(둥근호박, 애호박, 주키니 등) 100g
- 양파 1/2개(100g)
- 다진 마늘 1큰술(10g)
- 닭육수 약 1.5컵(300㎖, 치킨스톡 1/2작은술 + 물 1.5컵)
- 생크림 1/3컵(70g)
- 무염버터 1큰술(15g)
- 설탕 2큰술(20g)
- 소금 1작은술(4g, 기호에 따라 가감)
- 통후추 간 것 약간

곁들임

- 베이컨 2줄(30g)
- 냉동 완두콩 2큰술(20g)

COOKING NOTES

- 초당옥수수는 수분이 많아 즙(주스)이 많이 나옵니다. 초당옥수수 즙을 넣으면 자연스러운 단맛이 나지만, 번거롭다면 주스를 거르는 과정을 생략하고 알갱이를 넉넉히 넣고 끓여도 돼요.

- 호박처럼 익혔을 때 부드러워지는 채소는 쉽게 으스러져 큼직하게 썰어야 수프를 다 끓인 후에도 모양을 잘 유지해요.

- 베이컨 크럼블은 작고 바삭해 맛있는 소금 역할을 합니다. 과정이 번거롭다면 채소 볶는 과정에서 함께 넣고 볶아도 돼요.

재료 준비하기

1 곁들임용 냉동 완두콩은 찬물에 5~10분간 담가 해동한다.
- 생 완두콩은 끓는 물에 10분간 삶는다.

2 호박, 양파는 사방 2cm 크기로 썬다. 베이컨은 잘게 다진다.

베이컨 크럼블 만들기

3 초당옥수수는 칼로 알갱이만 썰어둔다.

4 ③의 옥수수 알갱이의 1/2분량을 블렌더에 곱게 간 후 면보, 체를 활용해 걸러 옥수수 주스를 만든다.
- 52쪽 과정 ② 참고.

5 달군 팬에 베이컨을 넣고 중약 불에서 10분간 바삭하게 굽는다.

수프 만들기

6 달군 냄비에 버터, 양파, 다진 마늘을 넣고 중간 불에서 1~2분간 볶는다.

7 호박, 초당옥수수를 넣고 중간 불에서 1~2분간 볶다가 소금, 후추로 간을 한다.

8 초당옥수수 주스, 닭육수, 설탕을 넣고 중간 불에서 5분간 더 끓인다.

9 수프의 농도가 걸쭉해지면 생크림을 넣고 중간 불에서 끓어오르면 바로 불을 끈다. 그릇에 수프를 담고 완두콩, 베이컨 크럼블을 올린다.

국물과 건더기를 함께 즐기는 **풍부한 식감의 청키 수프**

Hungarian Mushroom Cream Soup

헝가리식 매콤한 버섯 크림수프

버섯을 갈아 만드는 일반적인 크림수프가 아닌, 버섯 형태가 그대로 살아있는 매콤한 헝가리식 수프입니다. 파스타를 넣거나, 빵을 곁들여 든든하게 즐겨도 좋아요. 소고기나 닭고기 스테이크의 소스로도 아주 잘 어울린답니다.

재료 3~4인분 30분   가을, 겨울

- 모둠 버섯 400g (양송이버섯, 표고버섯, 느타리버섯 등)
- 양파 1/2개 (100g)
- 다진 마늘 1.5큰술 (15g)
- 화이트와인 3큰술 (40g, 또는 청주)
- 닭육수 약 1.5컵 (300㎖, 치킨스톡 1/2작은술 + 물 1.5컵)
- 생크림 1.3컵 (250g)
- 올리브오일 1.5큰술 (20g)
- 설탕 1/2작은술 (2g)
- 소금 1작은술 (4g, 기호에 따라 가감)
- 통후추 간 것 약간
- 파프리카파우더 2.5작은술 (5g)
- 카이엔페퍼 약간 (생략 가능)

COOKING NOTES

- 버섯은 갈색이 나도록 충분히 오래 볶아야 수프에 진한 맛과 향이 우러납니다.
- 바닥이 넓고 얕은 냄비를 사용해야 수분이 빨리 날아가 조리시간이 줄어들어요.
- 카이엔페퍼는 서양식 고춧가루로 아주 소량만 사용해도 매울 수 있으니 맛을 보며 조절해요.

국물과 건더기를 함께 즐기는 **풍부한 식감의 청키 수프**

재료 준비하기

1 버섯은 4등분으로 큼직하게 썬다. 양파는 사방 1cm로 썬다.

수프 만들기

2 바닥이 넓은 냄비를 달군 후 올리브오일을 두르고 버섯, 양파, 다진 마늘, 설탕, 소금을 넣어 중간 불에서 버섯이 진한 갈색이 되도록 15분간 볶는다.

3 화이트와인을 넣고 센 불에서 1분간 끓여 알코올을 날린다.

4 닭육수를 붓고 중간 불에서 10분간 더 끓인다.

5 생크림, 파프리카파우더, 카이엔페퍼를 넣고 5분간 더 끓인다. 그릇에 담고 통후추 간 것을 뿌린다.
  • 허브가 있다면 올려서 장식한다.

국물과 건더기를 함께 즐기는
풍부한 식감의 청키 수프

French Onion Soup

프렌치 어니언수프

양파를 긴 시간 볶아 캐러멜라이즈 해서 만드는 프렌치 어니언수프는 정성으로 완성되는 수프죠.
양파를 볶는 단순한 작업에 긴 시간이 소요되지만 뜨겁게 끓여 한 스푼 먹는 순간 다 용서가 되는 맛이랍니다.

COOKING NOTES

- 어니언수프는 간이 가장 중요해요. 너무 짜지도 싱겁지도 않게 간을 맞춰야 치즈와 함께 먹었을 때 잘 어울리죠.
- 캐러멜라이즈드 양파에 넣는 밀가루는 소량이지만 재료가 잘 어우러지도록 농도를 잡아주는 중요한 역할을 한답니다. 밀가루를 꼭 체에 쳐서 섞은 후 수프를 끓여주세요.

국물과 건더기를 함께 즐기는 **풍부한 식감의 청키 수프**

캐러멜라이즈드 어니언 만들기

1 양파는 최대한 얇게 썬다.

2 넓은 냄비를 달궈 버터를 녹인 후 양파를 조금씩 넣어가며 중간 불에서 볶는다. 양파가 숨이 죽으면 계속 더 넣어가며 볶는 방식으로 양파를 모두 넣는다.

 4인분
 120분
 겨울

재료

캐러멜라이즈드 어니언
- 양파 8개(1.5kg)
- 무염버터 2큰술(30g)
- 밀가루(중력분) 1.5큰술(10g)
- 바게트 1/3개
- 그뤼에르치즈 100g
- 닭육수 약 7.5컵
  (1.5ℓ, 치킨스톡 1큰술 + 물 7.5컵)
- 레드와인 3.5큰술(50g)
- 브랜디 1큰술(10g, 생략 가능)
- 타임 10줄기
  (10g, 또는 월계수잎, 생략 가능)
- 설탕 1/2큰술(5g)
- 소금 2작은술(8g, 기호에 따라 가감)
- 통후추 간 것 약간
- 다진 파슬리 약간(생략 가능)

3 양파의 수분을 모두 날리며 바닥을 태우지 않도록 계속 저어가며 볶는다. 수분이 없어지기 시작하면 약한 불로 줄여 진한 커피색이 되면 불을 끈다.

4 볶은 양파에 체에 친 밀가루를 골고루 뿌리며 잘 섞는다.

수프 만들기

5 바게트는 0.5cm 두께로 얇게 썬 후 180℃로 예열된 오븐에서 5분씩 양면을 노릇하게 굽는다.
그뤼에르치즈는 치즈그레이터에 굵게 갈거나 칼로 얇게 썰어 준비한다.

6 냄비에 캐러멜라이즈드 어니언, 닭육수, 와인, 브랜디, 타임을 넣고 잘 풀어준 후 중약 불에서 30분간 끓인다. 설탕, 소금, 후추로 간을 한다.
• 타임은 조리용 실로 묶거나 다시백에 넣어 더한다.

7 그릇에 수프를 담고 바게트와 그뤼에르치즈를 얹는다.
• 수프 그릇은 오븐에 넣어도 되는 것으로 준비한다.

8 220℃로 예열된 오븐에 프렌치 어니언수프를 넣고 6분간 치즈를 노릇하게 녹인다. 다진 파슬리를 뿌린다.

국물과 건더기를 함께 즐기는 **풍부한 식감의 청키 수프**

Shrimp Ball Soup

맑은 새우완자수프

최대한 깔끔하게 끓인 육수에 담백한 새우완자를 듬뿍 넣은 단백질 가득 수프입니다. 부드러운 식감을 원한다면 완자 반죽을 곱게 갈고, 새우살이 톡톡 씹히는 식감을 즐기고 싶다면 굵게 다져서 반죽에 넣으세요. 매력적인 새우완자의 식감을 만나게 될 거예요.

재료
2인분 · 30분 · 사계절

완자 반죽(15개분)
- 냉동 새우살 10마리(120g)
- 쪽파 2줄기(6g, 또는 달래, 청경채, 시금치)
- 전분 1작은술(3g)
- 소금 약간
- 통후추 간 것 약간

- 양파 1/4개(50g)
- 쪽파 3줄기(10g, 또는 달래, 청경채, 시금치)
- 다진 마늘 1큰술(10g)
- 레몬슬라이스 1개(생략 가능)
- 닭육수 약 2.5컵(500㎖, 치킨스톡 1작은술 + 물 2.5컵)
- 소금 약간
- 통후추 간 것 약간

COOKING NOTES

- 새우완자의 식감은 취향에 따라 다양하게 조절할 수 있어요. 이 레시피처럼 푸드프로세서로 굵게, 또는 곱게 갈아 식감을 조절해도 되고, 새우의 톡톡 씹히는 식감을 더 살리고 싶다면 새우는 별도로 칼로 다져 완자 반죽에 넣으세요.

- 쪽파 대신 달래, 청경채, 시금치 등 국물에 잘 어울리는 초록채소를 활용해도 좋습니다.

- 파스타나 소면을 삶아 곁들이면 더 든든하게 즐길 수 있어요.

국물과 건더기를 함께 즐기는 **풍부한 식감의 청키 수프**

재료 준비하기

1 냉동 새우살은 찬물에 10분간 담가 해동한다.

새우완자 반죽 만들기

2 완자 반죽용 쪽파는 0.2cm 길이로 잘게 썬다. 나머지 쪽파는 1cm 길이로 썬다. 양파는 사방 1cm 크기로 썬다. 레몬은 슬라이스한다.

3 모든 완자 반죽 재료를 푸드프로세서에 넣는다.

수프 만들기

4 취향에 따라 굵게 갈아도 되고, 곱게 갈아도 된다.

5 냄비에 양파, 쪽파, 다진 마늘, 레몬슬라이스, 닭육수, 소금, 후추를 넣고 중간 불에서 5분간 끓인다.

6 숟가락을 이용해 새우완자를 떼어 넣고 5분간 더 끓인다. 다 익은 완자는 살짝 부풀어 크기가 커진다.

국물과 건더기를 함께 즐기는 **풍부한 식감의 청키 수프**

대게살완자 배추수프

감칠맛 좋은 대게살완자에 얼큰한 육수, 배추의 달큰하고 시원한 맛이 잘 어우러져서 해장용으로도 딱 좋은 수프입니다.

재료 🍴 2인분 ⏱ 30분 📅 사계절

완자 반죽(15개분)
- 냉동 대게살 70g
- 냉동 새우살 6마리(70g)
- 다진 마늘 1/2큰술(5g)
- 전분 1.5작은술(4g)
- 소금 약간

- 알배추 1~2장(손바닥크기, 50g, 또는 양배추, 청경채)
- 양파 1/4개(50g)
- 다진 마늘 1큰술(10g)
- 페페론치노 1개(생략 가능)
- 냉동 완두콩 2큰술(20g)
- 닭육수 약 2.5컵(500㎖, 치킨스톡 1작은술 + 물 2.5컵)

Crab ball Cabbage Soup

재료 준비하기

1 냉동 대게살은 찬물에 5~10분간 담가 해동한 후 키친타월을 이용해 물기를 꼭 짠다.

2 냉동 새우살은 찬물에 10분간 담가 해동한다. 냉동 완두콩도 찬물에 5~10분간 담가 해동한다.

3 알배추, 양파는 사방 1cm 크기로 썬다.

대게살완자 반죽 만들기

4 모든 완자 반죽 재료를 푸드프로세서에 넣고 곱게 간다.

수프 만들기

5 달군 냄비에 알배추, 양파, 다진 마늘, 페페론치노, 닭육수를 넣고 중간 불에서 5분간 끓인다.

6 끓어오르면 대게살완자 반죽을 숟가락을 이용해 한입 크기로 떼어 넣고 5분간 더 끓인다.

7 불을 끄고 완두콩을 넣는다.

COOKING NOTES

- 완자는 익으면 부풀어 크기가 커지므로 작고 동그랗게 만드세요.

- 배추는 양배추나 청경채 등 다른 채소를 활용해도 좋아요.

- 마지막에 달걀을 풀어 넣어 게살수프처럼 즐겨도 잘 어울린답니다.

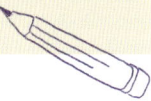

국물과 건더기를 함께 즐기는 **풍부한 식감의 청키 수프**

Lime Littleneck Clam Soup

라임 백합 파스타수프

바지락보다 살이 큼직한 백합은 뽀얗고 감칠맛이 좋은 육수를 낼 수 있어 수프에 활용하기 제격인 재료예요. 이 수프에는 동남아 요리에 많이 쓰이는 라임과 피쉬소스가 들어가 뜨끈한 쌀국수를 먹는 기분이 들게 하는데요, 숟가락으로 국물과 함께 떠 먹기 좋도록 숏파스타를 넣어 만들었답니다.

재료   2인분   30분   봄, 가을

- 해감 백합 500g(또는 모시조개, 바지락, 동죽 등)
- 숏파스타 1/4컵(베수비오, 50g)
- 라임 1개(또는 레몬)
- 양파 1/4개(50g)
- 다진 마늘 1/2큰술(5g)
- 페페론치노 1개(또는 청양고추, 생략 가능)
- 화이트와인 2큰술(30g, 또는 청주)
- 물 1.5컵(300㎖)
- 올리브오일 1큰술(15g) + 약간
- 피쉬소스 1/2큰술(또는 소금 1작은술, 기호에 따라 가감)
- 통후추 간 것 약간

COOKING NOTES

- 조개마다 짠맛과 감칠맛이 다르므로 마지막에 간을 보고 소금을 추가해요.

- 파스타는 수프에 계속 넣어두면 불어서 국물이 줄어들 수 있으니 따로 삶아두었다가 먹기 전 넣으세요.

- 베수비오(Vesuvio)는 이탈리아 남부 베수비오산의 모양을 바탕으로 만든 숏파스타로 돌돌 말린 꽈리 모양이죠.

- 숏파스타 대신 스파게티와 같은 긴 파스타를 뚝뚝 부러뜨려 넣거나 쌀국수로 대체해도 됩니다.

재료 준비하기

1 백합은 깨끗이 씻는다.

2 끓는 물에 소금을 녹이고 숏파스타를 넣어 포장지에 적힌 시간만큼 삶는다. 체에 밭쳐 물기를 빼고 올리브오일(약간)에 버무린다.
• 파스타 삶는 물과 소금의 비율은 물 2.5컵(500㎖)에 소금 1작은술(5g) 정도로 잡으면 된다.

3 양파는 사방 1cm 크기로 썬다.

4 라임은 사진처럼 필러로 껍질을 큼직하게 벗겨 제스트를 3개 정도 준비한다. 남은 라임은 반 갈라 즙을 짜서 1작은술 정도 준비한다.

수프 만들기

5 달군 냄비에 올리브오일(1큰술)을 두르고 약한 불에서 양파, 다진 마늘, 페페론치노를 넣고 1~2분간 볶는다.

6 백합, 화이트와인, 라임 제스트를 넣고 뚜껑을 덮은 후 백합 입이 열릴 때까지 중간 불에서 5분간 끓인다.

7 물과 파스타를 넣은 후 약한 불에서 5~6분간 끓인다.

8 라임즙, 피쉬소스, 통후추 간 것을 넣고 섞는다.
 • 남은 라임의 껍질을 강판에 곱게 갈아 뿌려도 좋다.

국물과 건더기를 함께 즐기는 **풍부한 식감의 청키 수프**

Sausage Pot au Feu

맑은 소시지 양배추수프

'프렌치 수프'라는 영화에도 등장해 눈길을 끈 수프인 '포토푀(Pot-au-Feu)'를 집에서 간단히 만들 수 있도록 만들었어요. 소시지의 풍미과 각종 채소에서 우러나온 특유의 달큰한 맛이 잘 어우러지는 수프랍니다. 맑은 국물이지만 깊고 진한 맛이 느껴지죠. 뜨끈하게 끓여 담백한 바게트와 함께 먹으면 몸도 마음도 편안해지는 기분을 느낄 수 있어요.

재료   2~3인분   40분   겨울

- 소시지 2개(200g)
- 홀토마토 통조림 200g(또는 완숙토마토 1개)
- 양배추 4장(손바닥크기, 120g)
- 양파 1/2개(100g)
- 당근 1/6개(30g)
- 셀러리 10cm 2~3대(50g)
- 다진 마늘 1큰술(10g)
- 닭육수 약 3.5컵(700㎖, 치킨스톡 1.5작은술 + 물 3.5컵)
- 화이트와인 2큰술(30g, 또는 청주)
- 올리브오일 1큰술(15g)
- 소금 1작은술(3g, 기호에 따라 가감)
- 통후추 간 것 약간

COOKING NOTES

- 소시지 종류에 따라 수프 맛도 조금씩 바뀌는데 그 또한 새로운 맛을 즐길 수 있는 방법이니 다양한 소시지를 넣어 응용해보세요.

- 양배추, 양파, 당근, 셀러리 대신 브로콜리나 호박 등의 다양한 채소를 사용해도 좋아요.

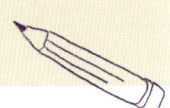

재료 준비하기

1 양배추, 양파는 사방 1cm 크기로 썬다.
  당근은 작게 다진다.

2 셀러리는 필러로 섬유질을 제거하고
  0.3cm 두께로 얇게 썬다.

3 소시지는 1cm 두께로 동그랗게 썬다.

4 홀토마토에서 토마토만 건져내 흐르는 물에
  살짝 씻는다.

수프 만들기

5 달군 냄비에 올리브오일을 두르고 소시지, 양배추, 양파, 당근, 셀러리, 다진 마늘을 넣고 센 불에서 5분간 살짝 볶는다.

6 화이트와인을 넣고 센 불에서 1분간 끓여 알코올을 날린다.

7 닭육수, 씻어둔 홀토마토를 넣고 약한 불에서 30분간 뭉근히 끓인다.

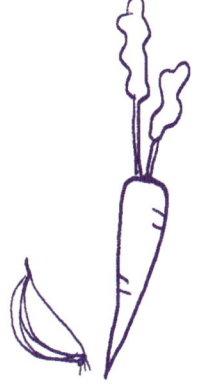

국물과 건더기를 함께 즐기는 **풍부한 식감의 청키 수프**

Lemon Chicken Soup with Barley

보리 넣은 레몬 치킨수프

여름에 잘 어울리는 가볍고 상큼한 맛의 수프입니다. 노릇하게 구운 닭 껍질에 육수를 부어 끓이면 구수한 누룽지 같은 맛이 우러나죠. 톡톡 씹히는 보리와도 잘 어울려요.

COOKING NOTES

- 수프를 다 끓인 후 마지막에 소금으로 간을 하면 국물만 간이 되고 각각의 재료는 싱겁다고 느낄 수 있어요. 소금은 고기, 채소에 골고루 나눠 간을 합니다.
- 보리는 숏파스타나 율무, 찰옥수수, 콩류 등으로 대체 가능해요. 쌀과 같이 전분기가 많은 곡물은 국물을 탁하고 걸쭉하게 만들 수 있으므로 피해주세요.

국물과 건더기를 함께 즐기는

풍부한 식감의 청키 수프

재료 준비하기

1 닭다리살은 키친타월로 핏물과 수분을 제거한다. 보리는 물에 담가 30분 이상 불린다.

2 셀러리는 필러로 껍질을 벗긴 후 0.5cm 두께로 얇게 썬다. 양파는 사방 1cm 크기로 썬다.

3 레몬은 0.3cm 두께로 얇게 썬 후 반달모양으로 한번 더 썬다. 차이브는 0.1cm 두께로 최대한 얇게 썬다.

2~3인분

30분(+ 보리 불리기 30분)

재료   **여름**

- 닭다리살 300g
- 보리 1.5큰술
  (15g, 불리기 전 30g, 불린 후 50g)
- 셀러리 3cm(5g)
- 양파 1/2개(100g)
- 다진 마늘 1큰술(10g)
- 차이브 2~3줄기(또는 쪽파, 생략 가능)
- 레몬슬라이스 1~2개
- 레몬즙 1.5큰술(20g)
- 닭육수 약 2컵
  (400㎖, 치킨스톡 1작은술 + 물 2컵)
- 올리브오일 2작은술(10g)
- 설탕 2작은술(7g)
- 소금 1작은술(5g, 기호에 따라 가감)
- 통후추 간 것 약간

수프 만들기

4 달군 냄비에 올리브오일을 두르고 닭의 껍질이 바닥으로 향하게 올린다. 소금, 후추로 간을 한 후 중간 불에서 껍질이 노릇해질 때까지 5분간 굽는다

5 닭다리살을 꺼내어 한 김 식힌 후 손으로 찢는다.

6 기름이 남아있는 냄비를 다시 달군 후 보리, 셀러리, 양파, 다진 마늘을 넣고 약한 불에서 1~2분간 살짝 볶으며 소금, 후추로 간을 한다.

7 닭육수를 붓고 닭, 레몬슬라이스, 레몬즙, 설탕을 넣고 센 불에서 끓어오르면 약한 불로 낮춰 30분간 보리를 푹 익힌다. 끓이는 동안 위에 뜬 기름을 걷어낸다. 그릇에 담고 차이브를 뿌린다.

국물과 건더기를 함께 즐기는 풍부한 식감의 청키 수프

완두콩 치킨 크림수프

싱그럽고 달큰한 맛의 완두콩은 수프와 잘 어울리는 식재료입니다. 귀여운 모양과 색으로 수프를 예쁘게 꾸며주기도 하죠. 완두콩 치킨 크림수프는 채소부터 고기까지 듬뿍 들어있어 한 솥 넉넉히 끓여두고 온 가족이 든든하게 먹기 좋아요.

재료 3~4인분 30분 봄, 여름

- 닭다리살 500g
- 베이컨 5줄(70g)
- 냉동 완두콩 2/3컵(80g)
- 감자 1/2개(100g)
- 당근 1/3개(70g)
- 양파 3/4개(130g)
- 셀러리 10cm 2~3대(50g)
- 다진 마늘 1.5큰술(15g)
- 닭육수 약 2컵(400㎖, 치킨스톡 1작은술 + 물 2컵)
- 생크림 1컵(200g)
- 화이트와인 3~4큰술(40g, 또는 청주)
- 올리브오일 1큰술(15g)
- 소금 1작은술(4g, 기호에 따라 가감)
- 통후추 간 것 약간
- 타임 약간(생략 가능)

COOKING NOTES

- 닭고기는 익힐수록 식감이 단단해지기 때문에 수프에는 비교적 오래 끓여도 부드러운 식감을 유지하는 다리살을 추천해요.

Green Pea Chicken Cream Soup

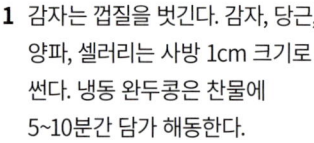

재료 준비하기

1 감자는 껍질을 벗긴다. 감자, 당근, 양파, 셀러리는 사방 1cm 크기로 썬다. 냉동 완두콩은 찬물에 5~10분간 담가 해동한다.

2 베이컨은 1cm 두께로 썬다.

3 닭다리살은 한입 크기로 썬다. 취향에 따라 껍질을 제거해도 좋다.

수프 만들기

4 달군 냄비에 올리브오일을 두르고 베이컨, 양파, 당근, 셀러리, 다진 마늘을 넣고 중약 불에서 2~3분간 볶는다.

5 닭고기를 넣고 소금, 후추로 간을 한 후 중약 불에서 골고루 섞어가며 2~3분간 익힌다. 완벽히 익히지 않아도 된다.

6 화이트와인을 넣고 센 불에서 알코올을 충분히 날려가며 1분간 졸이듯 끓인다.

7 닭육수와 타임을 넣는다.
끓어오르면 감자를 넣고 약한 불로 줄여 감자가 익을 때까지 15분간 끓인다.

8 끓이는 중간중간 기름을 제거한다.

9 생크림과 완두콩을 넣고 다시 끓어오르면 바로 불을 끈다.

국물과 건더기를 함께 즐기는 **풍부한 식감의 청키 수프**

쪽파 클램차우더

누구나 좋아하는 클램차우더에 달큰한 쪽파를 넣었어요.
쪽파 특유의 풍미가 크리미한 클램차우더에 깔끔한 맛을 더해주죠.

재료   3~4인분   30분   사계절

- 조개육수 2~2.5컵(400~450㎖, 육수 내기 29쪽)
- 조개살 150g(조개육수 만들고 남은 조개살 모두 사용)
- 베이컨 7줄(100g)
- 쪽파 5줄기(50g)
- 감자 1개(200g)
- 양파 1/2개(100g)
- 다진 마늘 1큰술(10g)
- 무염버터 1.5큰술(20g)
- 생크림 2.5컵(500g)
- 설탕 1/3작은술(1g)
- 통후추 간 것 약간

화이트 루(생략 가능)
- 밀가루 1큰술(10g)
- 무염버터 2작은술(10g)

Spring Onion Clam Chowder

국물과 건더기를 함께 즐기는 **풍부한 식감의 청키 수프**

재료 준비하기

1 감자는 껍질을 벗긴다. 감자와 양파는 사방 1cm 크기로 썬다.

2 쪽파는 1cm 길이로 송송 썬다.

3 베이컨은 사방 1cm 크기로 썬다.

화이트 루 만들기

4 달군 팬에 버터, 밀가루를 넣고 색이 나지 않게 약한 불에서 1분간 천천히 볶는다.

수프 만들기

5 베이컨을 넣고 중간 불에서 1~2분간 볶는다.

6 베이컨에 기름이 나오기 시작하면 쪽파, 양파, 다진 마늘을 넣고 약한 불에서 1~2분간 더 볶는다.

7 조개육수, 생크림을 넣고 끓어오르면 감자를 넣고 약한 불에서 15분간 끓인다.

8 감자가 다 익으면 조개살을 넣고 설탕, 후추로 간을 한다.

COOKING NOTES

- 버터와 밀가루를 볶아 만드는 '루(Roux)'는 수프나 소스의 농도를 조절하는 역할을 해요.

- 하얀 색깔의 수프에는 루를 살짝 볶은 '화이트 루'를 사용하고, 다른 재료들도 갈색이 나지 않도록 약한 불에서 천천히 익혀야 뽀얗게 하얀 색깔의 수프를 만들 수 있어요.

- 루 만들기를 생략하고 묽은 크림수프로 즐겨도 된답니다.

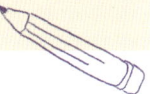

국물과 건더기를 함께 즐기는 **풍부한 식감의 청키 수프**

Lemongrass Clam Soup

레몬그라스 바지락 크림수프

이국적인 향의 레몬그라스는 크림요리에 활용하면
특유의 상큼한 향으로 느끼함을 깔끔하게 잡아줘요.
바지락의 감칠맛과도 잘 어울리죠.

재료   2인분   30분   여름

- 해감 바지락 500g(또는 모시조개)
- 냉동 새우살 6마리(70g)
- 오징어 약 1/2마리(손질 후 무게 50g)
- 레몬그라스 1줄기(또는 라임이나 레몬 제스트)
- 샬롯 1개(40g, 또는 양파)
- 다진 마늘 1큰술(10g)
- 생크림 2컵(400g)
- 화이트와인 1컵(200g, 또는 물)
- 무염버터 2큰술(30g)
- 설탕 1/2작은술(2g)
- 소금 1/2작은술(2g, 바지락 간에 따라 가감)
- 통후추 간 것 약간

COOKING NOTES

- 조개마다 짠맛이 다르니 소금을 처음부터 넣지 않고 마지막 단계에서 맛을 본 후 취향에 맞게 추가하세요.

- '레몬그라스(Lemongrass)'는 레몬향이 나는 허브로 얇게 썰거나 칼집을 넣으면 맛과 향이 요리에 잘 우러나 풍미가 더 좋아진답니다. 구하기 어렵다면 라임이나 레몬을 깨끗하게 씻어 껍질을 얇게 벗긴 제스트를 대신 넣어도 돼요.

재료 준비하기

1 바지락은 깨끗이 씻는다. 냉동 새우살은 찬물에 10분간 담가 해동한다.

2 오징어는 손질해서 먹기 좋은 크기로 썬다.

3 레몬그라스는 5cm 길이로 썬다.
양쪽 끝을 1cm 정도만 남겨두고 가운데에 길게 열십자(+)로 칼집을 넣는다.

4 샬롯은 0.1cm 두께로 얇게 슬라이스한다.

수프 만들기

5 달군 냄비에 버터, 레몬그라스, 샬롯, 다진 마늘을 넣고 약한 불에서 색이 나지 않게 천천히 1~2분간 볶는다.

6 마늘이 갈색이 되기 전에 화이트와인을 넣고 뚜껑을 덮어 센 불에서 5분간 끓인다. 조개가 입을 열면 뚜껑을 열고 생크림을 붓는다.

7 생크림이 끓어오르면 새우살, 오징어를 넣고 중간 불에서 5분간 더 끓인 후 불을 끈다.

8 레몬그라스를 건진 후 그릇에 담는다.
- 그릇에 담고 허브나 강판에 간 레몬제스트를 올려 장식하면 멋스럽다.

국물과 건더기를 함께 즐기는 **풍부한 식감의 청키 수프**

Lobster Fish Chowder

랍스터 생선차우더

탄력 있고 탱글탱글한 식감의 랍스터와
부드럽고 담백한 흰살 생선을 한 번에 즐길 수 있는
고급스러운 맛의 수프입니다. 푹 익은 감자가
수프의 농도를 진하게 만들어주니 충분히 익혀주세요.

재료  2~3인분 30분 가을, 겨울

- 냉동 랍스터테일 4개분
  (랍스터살 무게 300g, 또는 냉동 새우살이나 관자)
- 대구살 200g(또는 다른 흰살 생선)
- 감자 1/2개(100g)
- 샬롯 1개(40g, 또는 양파)
- 다진 마늘 1큰술(10g)
- 타임 2줄기(또는 다른 허브, 생략 가능)
- 무염버터 2큰술(30g)
- 물 1컵(200㎖)
- 생크림 1/2컵(120g)
- 화이트와인 1큰술(15g, 또는 청주)
- 소금 1작은술(3g)
- 설탕 1작은술(3g)
- 통후추 간 것 약간

COOKING NOTES

- 랍스터는 손질이 번거로우니 손질해서 냉동해 판매하는 랍스터테일을 쓰면 편해요. 해동할 때는 냉장실에 반나절 정도 넣어두거나, 찬물에 30분간 담가두세요.

- 생선살이 부서지지 않도록 마지막에 조심스럽게 넣고 다 익으면 바로 불을 끄세요.

- 감자가 스튜의 농도를 잡아주는 중요한 역할을 하니 푹 익히는 것이 중요해요.

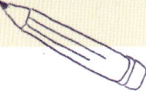

국물과 건더기를 함께 즐기는 **풍부한 식감의 청키 수프**

재료 준비하기

1 감자는 껍질을 벗긴 후 사방 1cm 크기로 썬다. 샬롯은 얇게 슬라이스한다.

2 냉동 랍스터테일은 찬물에 30분간 담가 해동한 후 끓는 물에 5분간 데친다. 껍질을 가위로 잘라 살만 발라낸다.

3 랍스터살과 대구살은 사방 2cm 크기로 썬다.
- 대구살도 냉동을 구입했다면, 비닐 포장째 찬물에 30분간 담가 해동한다.

수프 만들기

4 달군 팬에 버터를 녹인 후 샬롯, 다진 마늘, 타임을 넣고 색이 나지 않게 약한 불에서 1~2분간 볶는다.

5 와인을 넣고 센 불로 알코올을 날리며 1분간 끓인 후 감자, 물을 넣고 약한 불로 줄여 10분간 더 끓인다.

6 랍스터살, 대구살, 생크림, 소금, 설탕, 후추를 넣고 중간 불에서 2~3분간 살짝 더 끓인다.
- 그릇에 담고 허브나 강판에 간 레몬제스트를 올려 장식하면 멋스럽다.

국물과 건더기를 함께 즐기는
풍부한 식감의 청키 수프

Crab and Shrimp Bisque

새우 꽃게 로제수프

가을이 제철인 꽃게와 새우로 끓이는 비스크수프로 육수를 따로 끓여야 해서 조금 번거로울 수 있지만 갑각류 러버라면 누구나 사랑할 맛입니다. 꽃게, 새우의 녹진한 맛과 토마토, 크림이 어우러져 비린맛 없이 부드러워요. 껍질은 육수를 끓이고 속살은 수프에 넣어 꽃게와 새우를 버릴 것 없이 알차게 활용하는 수프랍니다.

COOKING NOTES

- '비스크(Bisque)'는 게, 새우, 랍스터 등 갑각류에서 우려낸 육수로 끓인 진하고 크리미한 맛의 프랑스 전통 수프랍니다.

- 해산물육수는 고기육수와 다르게 오래 끓인다고 계속 맛이 우러나오는 것은 아니니 비스크육수는 짧게 끓이세요.

- 비스크육수용 꽃게는 큰 사이즈를 직접 손질하기보다 작은 크기의 꽃게를 절단, 손질해 판매하는 제품을 구입하면 편해요.

- 육수는 미리 끓인 후 밀폐용기에 담아 냉동 보관했다가 파스타 또는 국물 요리에 활용해도 좋습니다.

- 파스타는 '오르조(Orzo)'라는 쌀알 모양의 숏파스타를 사용했는데, 스파게티처럼 긴 면을 툭툭 부러뜨려 사용해도 돼요.

- 소금의 양은 꽃게와 새우의 짠맛을 고려해 취향껏 조절하세요.

국물과 건더기를 함께 즐기는 **풍부한 식감의 청키 수프**

비스크육수 준비하기

1 양파는 잘게 다진다.

 4컵(800ml)
 60분
가을, 겨울

비스크육수 재료

- 꽃게 4~5마리(500g, 껍질만 사용)
- 흰다리 새우 10마리
  (200g, 머리와 껍질만 사용)
  - 꽃게살과 새우살은 수프에 활용
- 양파 1/2개(100g)
- 다진 마늘 2큰술(20g)
- 토마토 페이스트 3큰술(45g)
- 무염버터 1.5큰술(20g)
- 화이트와인 1/2컵(100g, 또는 청주)
- 물 4컵(800ml)
- 통후추 1큰술(10g)
- 월계수잎 1개(생략 가능)
- 타임 5 줄기(생략 가능)

2 절단 꽃게는 손으로 꾹 눌러 살을 빼서 담아두고 껍질만 사용한다.
- 냉동 꽃게라면 비닐 봉지째 찬물에 30분간 담가 해동한다.

3 흰다리 새우는 손질해 살은 따로 담아두고 머리와 껍질만 사용한다.
- 냉동 새우라면 찬물에 10분간 담가 해동한다.

비스크육수 끓이기

4 달군 냄비에 버터를 녹인 후 양파, 다진 마늘을 넣고 중간 불에서 5분간 볶는다.

5 꽃게와 새우의 머리, 껍질을 넣고 중간 불에서 5분간 볶아 수분을 날린다.

6 토마토 페이스트를 넣고 약한 불로 줄여 1분간 더 볶는다

7 화이트와인을 넣고 센 불로 끓여 알코올을 날린 후 물, 통후추, 월계수잎, 타임을 넣고 중약 불로 줄여 30분간 푹 끓인다.

8 체에 걸러 육수만 사용한다.

국물과 건더기를 함께 즐기는 **풍부한 식감의 청키 수프**

재료 준비하기

9 끓는 물에 소금을 녹이고 파스타를 넣어 포장지에 적힌 시간만큼 삶는다. 체에 받쳐 물기를 빼고 올리브오일에 버무린다.

- 파스타 삶는 물과 소금의 비율은 물 2.5컵(500㎖)에 소금 1작은술(5g) 정도로 잡으면 된다.

수프 재료

🍴 3~4인분
⏱ 60분
📅 봄, 가을

- 꽃게살 120g
- 새우살 120g
- 셀러리 10cm 3~4개(70g)
- 양파 1개(200g)
- 다진 마늘 1큰술(10g)
- 오르조 1/4컵
  (삶기 전 40g, 또는 다른 숏파스타)
- 올리브오일 약간
- 비스크육수 4컵(800㎖, 146쪽)
- 생크림 1/2컵(100g)
- 무염버터 2작은술(10g)
- 파프리카파우더 1.5큰술(10g)
- 설탕 1/2작은술(2g)
- 소금 1작은술(4g, 기호에 따라 가감)
- 통후추 간 것 약간

10 셀러리, 양파는 사방 0.5cm 크기로 잘게 다진다.

11 새우살은 사방 1cm 크기로 썬다.

수프 만들기

12 달군 냄비에 버터를 녹인 후 셀러리, 양파, 다진 마늘을 넣고 중간 불에서 1~2분간 볶는다.

13 수분이 어느 정도 날아가면 꽃게살, 새우살, 비스크육수, 설탕, 소금을 넣고 센 불에서 끓인다.

14 끓어 오르면 생크림, 파프리카파우더를 넣고 섞는다.

15 삶은 파스타를 넣고 2~3분 더 끓인 후 불을 끈다.
• 허브가 있다면 올려서 장식한다.

육류와 채소를 풍성하게 넣은
든든한 고기 스튜

서양에서 스튜는 자투리 채소와 질긴 부위의 고기를 푹 끓여
주로 겨울에 먹는 서민들, 농민들의 음식이었어요.
그렇게 시작된 스튜는 이제 다양한 재료로 다채롭게 만들어져
미식가들의 사랑을 받는 음식이 되었답니다.
여기서는 진한 국물에 고기가 듬뿍 들어간 든든한 고기 스튜를 소개할게요.
빵과 함께 즐기면 한 끼 식사로 손색이 없죠. 넉넉히 만들어 함께 먹기도 좋아요.

육류와 채소를 풍성하게 넣은 **든든한 고기 스튜**

Egg in Hell
with Pork Belly

대패삼겹살 에그인헬 스튜

뜨거운 토마토스튜에 달걀을 반숙으로 익혀 먹는 요리인 '에그인헬(Egg in Hell)'에 대패삼겹살을 더했으니 푸짐하고 맛있을 수밖에 없죠. 베이컨이 아닌 생고기를 써서 훈제향을 좋아하지 않는 분들이 특히 선호하는 스튜랍니다.

재료 2~3인분 / 30분 / 사계절

- 대패삼겹살 120g (또는 차돌박이, 삼겹살)
- 달걀 4개
- 토마토 퓨레 1.5컵 (300g, 또는 곱게 간 홀토마토, 완숙 토마토)
- 토마토 페이스트 2큰술 (30g, 생략 가능)
- 양파 1/2개 (100g)
- 다진 마늘 1.5큰술 (15g)
- 닭육수 약 1/2컵 (100㎖, 치킨스톡 1/5작은술 + 물 1/2컵)
- 화이트와인 2큰술 (30g, 또는 청주)
- 올리브오일 1큰술 (15g)
- 설탕 2작은술 (7g)
- 소금 1작은술 (4g, 기호에 따라 가감)
- 통후추 간 것 약간
- 카이엔페퍼 약간 (생략 가능)
- 다진 파슬리 약간 (생략 가능)

COOKING NOTES

- 토마토 퓨레는 토마토의 껍질과 씨를 제거하고 과육만 곱게 간 것이에요. 홀토마토나 완숙 토마토를 갈아 써도 되지만 퓨레가 더 부드러워요.

- 토마토 페이스트는 농축한 것이라 스튜의 풍미와 색을 살려줘요.

- 달걀을 반숙으로 익히는 요리라서 별도의 그릇에 옮겨 담으면 망가질 수 있으니 조리 후 그대로 식탁에 올릴 수 있는 팬이나 냄비에 준비하세요.

- 스튜가 뜨거울수록 달걀이 잘 익으니 꼭 뜨겁게 끓인 후 달걀을 넣으세요.

재료 준비하기

1 양파는 잘게 다진다.

2 대패삼겹살은 1cm 두께로 썬다.

스튜 만들기

3 달군 냄비에 올리브오일을 두르고 다진 마늘을 넣고 타지 않게 중약 불에서 1분간 볶는다.

4 대패삼겹살을 넣고 중강 불로 올려 소금, 후추로 간을 하고 노릇해질 때까지 5분간 바싹 볶는다. 양파를 넣어 5분간 충분히 볶는다.

6 약한 불로 줄여 토마토 페이스트를 넣고 타지 않게 주의하며 1분간 더 볶다가 화이트와인을 넣고 센 불로 1분간 끓여 알코올을 날린다.

7 토마토 퓨레, 닭육수, 카이엔페퍼를 넣고 약한 불에서 5분간 뭉근하게 끓인다.

8 식탁에 올릴 냄비나 팬에 토마토스튜를 담고 달걀을 깨뜨려 넣는다. 약한 불에서 반숙으로 5분간 살짝 익힌다. 다진 파슬리를 뿌린다.

육류와 채소를 풍성하게 넣은 **든든한 고기 스튜**

홈메이드 미트볼 토마토스튜

미트볼은 비교적 저렴한 부위의 고기로 만들 수 있어 부담스럽지 않고
왕창 만들어 냉동해두면 다양한 요리에 활용할 수 있어 참 유용하지요.
평생 활용할 레시피로 칭찬받은 디어버터의 시그니처 미트볼을 알려드릴게요.
스튜에 넣어 미트볼을 으깨가며 국물과 함께 숟가락으로 푹푹 떠먹으면 정말 맛있답니다.

Homemade Meatball
Tomato Stew

재료

🍴 3인분 ⏱ 60분 📅 사계절

미트볼 반죽(30g씩 15개분)
- 다진 쇠고기 150g
- 다진 돼지고기 150g
- 양파 1/4개(50g)
- 다진 마늘 1큰술(10g)
- 달걀 노른자 1개분
- 파마산치즈가루 2큰술(15g)
- 빵가루 2큰술(7g)
- 생크림 1.5~2큰술(25g)
- 올리브오일 1큰술(15g) + 2큰술(30g, 굽는용)
- 설탕 1/2작은술(2g)
- 소금 1작은술(3g)
- 통후추 간 것 약간

토마토소스(2~3인분)
- 홀토마토 통조림 400~450g
- 토마토 페이스트 3큰술(45g)
- 양파 1개(200g)
- 다진 마늘 3큰술(30g)
- 닭육수 약 1/2컵(100㎖, 치킨스톡 1/5작은술 + 물 1/2컵)
- 화이트와인 1/3컵(70g, 또는 청주)
- 올리브오일 3큰술(45g)
- 설탕 1큰술(9g)
- 소금 1작은술(3g)
- 통후추 간 것 약간
- 카이엔페퍼 1/2작은술(1g, 생략 가능)
- 드라이 오레가노 1/2작은술(0.3g, 생략 가능)
- 프레시 허브 5g
  (파슬리, 바질, 타임, 로즈마리 등, 생략 가능)

미트볼 만들기

1 양파는 잘게 다진다. 큰 볼에 모든 재료를 넣고 골고루 섞는다.

2 미트볼은 30g씩 동그랗게 빚는다.

토마토소스와 스튜 만들기

3 달군 팬에 올리브오일(2큰술)을 두르고 중약 불에서 미트볼 겉면을 돌려가며 노릇하게 5분간 굽는다.

4 양파는 사방 0.5cm 크기로 작게 다진다.

5 허브는 잎만 떼어내 잘게 다진다.
- 프레시 허브는 1가지만 써도 되고, 2~3가지를 섞어도 좋다. 말린 허브를 사용해도 된다.

6 달군 냄비에 올리브오일(3큰술)을 두르고 다진 양파와 마늘을 넣고 센 불에서 1분간 볶은 후 소금으로 간한다. 토마토 페이스트, 드라이 오레가노를 넣고 약한 불에서 1분간 볶는다.

7 화이트와인을 넣고 센 불에서 알코올을 잘 날리며 1분간 끓인다. 홀토마토와 치킨스톡을 넣고 약한 불에서 10분간 뭉근하게 끓인다.

8 설탕, 후추, 카이엔페퍼로 간을 한 후 잘게 다진 허브를 넣고 섞는다.
- 잘게 다진 허브를 조금 남겼다가 장식용으로도 활용한다.

9 구운 미트볼을 넣고 중약 불에서 5분간 끓인다.

10 미트볼 하나를 반 갈라 속이 잘 익었는지 확인한 후 불을 끈다.

COOKING NOTES

- 미트볼은 얼마나 치대느냐에 따라 식감이 달라져요. 많이 치대면 밀도가 높아져 단단한 소시지 같은 식감이 되고, 가볍게 재료를 섞어 뭉치면 고기의 식감이 살아있는 미트볼을 만들 수 있어요.

- 미트볼은 고기의 비율에 따라서도 달라지는데, 돼지고기가 많아지면 부드럽고, 소고기가 많아지면 거친 느낌이에요.

- 미트볼을 작게 만들면 빨리 익어 조리시간이 줄어들지만, 크게 만들면 조리시간은 늘어나도 육즙이 풍부해져 촉촉하게 먹을 수 있으니 이 레시피에서 소개한 개당 30g 정도 크기를 추천해요.

- 이렇게 미트볼은 섞는 정도, 고기 함량, 크기에 따라 달라져요. 몇 번 만들다보면 나만의 취향이 생기니 맞춰서 조절하세요.

- 허브는 드라이 허브, 프레시 허브 모두 사용 가능해요. 드라이 허브는 향이 우러나는 데 시간이 걸리므로 과정 ⑥에서 양파, 마늘과 함께 넣고, 프레시 허브는 마지막에 불을 끄고 넣어야 색과 향을 모두 살릴 수 있어요.

육류와 채소를 풍성하게 넣은 **든든한 고기 스튜**

멕시칸 칠리 콘 카르네 스튜

'칠리 콘 카르네(Chili con Carne)'는 소고기, 강낭콩, 토마토, 칠리, 큐민을 넣고 푹 끓인 매운 스튜입니다. 빵이나 또띠야, 나초, 감자튀김에 잘 어울리죠. 맥주 안주로 강력 추천합니다.

COOKING NOTES

- 큐민씨드는 참깨처럼 볶으면 수분이 날아가 향이 훨씬 진해집니다. 고운 파우더를 쓴다면 볶지 않아도 됩니다.

- '치포틀레 페퍼(Chipotles Peppers)'는 훈연 건조한 할라피뇨 고추를 토마토와 섞은 것으로 은은하게 나는 스모키 향과 매콤새콤한 맛이 매력적이에요. 타코, 햄버거와 잘 어울려요.

Mexican Chili Con Carne Stew

육류와 채소를 풍성하게 넣은 **든든한 고기 스튜**

재료

🍴 3~4인분　⏱ 30분　📅 가을, 겨울

- 다진 쇠고기 200g
- 홀토마토 통조림 400g
- 강낭콩 통조림 1/2컵(130g)
- 치포틀레 페퍼 1/2컵(100g, 라코스테냐 캔 제품)
- 양파 3/4개(150g)
- 다진 마늘 1큰술(10g)
- 닭육수 약 1/2컵(100㎖, 치킨스톡 1/5작은술 + 물 1/2컵)
- 올리브오일 1큰술(15g)
- 설탕 1.5큰술(15g)
- 소금 2작은술(6g, 기호에 따라 가감)
- 통후추 간 것 약간

향신료(생략 가능)

- 큐민씨드 1~1.5큰술(8g, 또는 큐민파우더)
- 카이엔페퍼 1작은술(2g)
- 파프리카파우더 1.5큰술(10g)
- 오레가노 2작은술(1g)

곁들임

- 나초칩 약간
- 사워크림 약간
- 다진 고수 약간

재료 준비하기

1 달군 팬에 기름을 두르지 않고 큐민씨드를 넣어 약한 불에서 1분간 볶는다.
- 큐민파우더로 대체하면 이 과정은 생략한다.

2 강낭콩은 체에 받쳐 물기를 뺀다. 양파는 사방 1cm 크기로 썬다. 치포틀레 페퍼는 잘게 다진다.

스튜 만들기

3 달군 팬에 올리브오일을 두르고 양파, 다진 마늘을 넣어 중간 불에서 1분간 볶는다.

4 다진 쇠고기, 소금, 후추를 넣고 간을 하며 1분간 볶는다.

5 홀토마토, 치포틀레 페퍼, 닭육수를 넣고 약한 불에서 15분간 뭉근하게 졸인다.

6 강낭콩, 향신료, 설탕을 넣는다. 그릇에 담고 사워크림, 다진 고수를 올린 후 나초칩을 곁들인다.

육류와 채소를 풍성하게 넣은 **든든한 고기 스튜**

Italian Style
Tripa Stew

이탈리아식 소 내장 토마토스튜

소의 내장인 양을 넣고 푹 끓여낸 이탈리아 스튜 '트리파(Trippa)' 입니다. 부드럽게 익힌 양의 담백하고 쫄깃한 식감이 매력적이죠. 얼큰한 한국식 내장탕과는 다르게 토마토가 들어가 맛이 깔끔하면서도 입에 착 감기는 스튜랍니다.

재료 4인분 90분 겨울

- 소 양 250g(손질해 푹 삶아 냉동한 것, 또는 곱창, 대창 등)
- 베이컨 5~6줄(80g)
- 홀토마토 통조림 400~500g
- 양파 1개(200g)
- 셀러리 10cm 5대(100g)
- 다진 마늘 1.5큰술(15g)
- 토마토 페이스트 1.5큰술(20g)
- 닭육수 약 2.5컵(500㎖, 치킨스톡 1작은술 + 물 2.5컵)
- 포트와인 3/4컵(150g, 또는 레드와인)
- 올리브오일 1큰술(15g)
- 소금 2작은술(8g, 기호에 따라 가감)
- 카이엔페퍼 약간(생략 가능)
- 파프리카파우더 약간(생략 가능)
- 통후추 간 것 약간
- 말린 월계수잎 2장

COOKING NOTES

- 소 양은 소의 위장으로 집에서 손질하기는 어려우니 온라인에서 깨끗하게 손질해 푹 삶은 냉동 제품을 구입하세요. 냉장실에서 반나절 정도 두거나, 찬물에 담가 해동하세요.

- 소 내장은 여러 부위를 섞어서 사용해도 좋아요.

- 포트와인은 레드와인 중에서도 향이 달달한 와인입니다. 일반 레드와인을 사용할 경우 설탕 1큰술을 추가하세요.

육류와 채소를 풍성하게 넣은 **든든한 고기 스튜**

재료 준비하기

1 소 양은 해동한 후 체에 밭쳐 물기를 빼고 한입 크기로 썬다.

2 양파는 사방 1cm 크기로 썰고, 셀러리는 필러로 껍질을 벗겨 0.2cm 두께로 얇게 썬다.

3 베이컨은 1cm 두께로 썬다.

스튜 만들기

4 달군 냄비에 올리브오일을 두르고 양파, 셀러리, 다진 마늘을 넣고 중간 불에서 5분간 볶다가 소금, 후추로 간을 한다.

5 베이컨을 넣고 1~2분간 더 볶는다.

6 토마토 페이스트를 넣고 타지 않게 저어가며 볶다가 와인을 넣고 센 불로 1분간 끓여 알코올을 날린다.

7 홀토마토와 닭육수, 소 양, 카이엔페퍼, 파프리카파우더, 월계수잎을 넣고 약한 불에서 약 30분간 뭉근하게 푹 끓인다.

육류와 채소를 풍성하게 넣은 **든든한 고기 스튜**

French Beef
Mushroom Stew

프랑스식 소고기 버섯스튜

재료를 충분히 볶아 본연의 단맛을
진하게 살린 스튜입니다.
추운 겨울에 잘 어울리는 달큰하고 뜨끈한
메뉴랍니다.

재료　🍴 2~3인분　⏱ 60분　📅 겨울

- 쇠고기 스테이크용 200g
- 베이컨 4줄(60g)
- 느타리버섯 60g
- 양파 1개(200g)
- 다진 마늘 1.5큰술(15g)
- 닭육수 약 1컵(200㎖, 치킨스톡 1/3작은술 + 물 1컵)
- 생크림 1/2컵(100g)
- 포트와인 1/2컵(100g, 또는 레드와인)
- 올리브오일 1큰술(15g)
- 타임 3줄기(2g, 생략 가능)
- 설탕 1.5큰술(15g)
- 소금 1작은술(3g, 기호에 따라 가감)
- 통후추 간 것 약간
- 그뤼에르치즈 약간(또는 체다치즈, 고다치즈, 파마산치즈)

COOKING NOTES

- 소고기는 우둔살이나 사태와 같이 단단한 부위를 사용할 경우 육수를 더 추가해 익히는 시간을 길게 늘리면 부드럽게 먹을 수 있어요.

- 포트와인은 레드와인 중에서도 향이 달달한 와인입니다. 일반 레드와인을 사용할 경우 설탕 1큰술을 추가해주세요.

육류와 채소를 풍성하게 넣은 **든든한 고기 스튜**

재료 준비하기

1 양파, 버섯은 사방 2cm 크기로 썬다.

2 쇠고기, 베이컨은 사방 2cm 크기로 큼직하게 썬다.

3 그뤼에르치즈는 치즈그레이터에 굵게 갈거나 칼로 얇게 썰어 준비한다.

스튜 만들기

4 달군 냄비에서 올리브오일을 두르고 베이컨, 버섯, 양파, 다진 마늘을 넣고 중약 불에서 갈색이 될 때까지 10분간 볶는다.

5 쇠고기, 타임, 설탕, 소금, 후추를 넣고 1분간 더 볶는다.

6 포트와인을 넣고 센 불로 끓여 알코올을 날리며 1분간 반으로 졸인다.

7 닭육수, 생크림을 붓고 중약 불에서 10분간 더 끓인다. 그릇에 담고 그뤼에르치즈를 올린다.
• 허브가 있다면 올려서 장식한다.

White Ragu
Mushroom Stew

화이트라구 버섯스튜

버섯과 양파를 노릇하게 볶아 풍미 가득
깊은 맛의 소고기 크림스튜입니다.
양파가 가지고 있는 단맛을 최대한 끌어올려
특유의 달큰함이 스튜에 녹아나 더 맛있답니다.
파스타를 넣어 든든하게 즐겨도 좋아요.

재료 2인분 30분 가을, 겨울

- 쇠고기 스테이크용 160g(또는 소고기 다짐육)
- 모둠 버섯 80g(느타리버섯, 양송이버섯, 새송이버섯, 표고버섯 등)
- 양파 1/2개(100g)
- 다진 마늘 1큰술(10g)
- 파르미지아노 레지아노치즈 곱게 간 것 4큰술(30g)
- 닭육수 약 1/2컵(100㎖, 치킨스톡 1/3작은술 + 물 1/2컵)
- 생크림 1컵(200g)
- 화이트와인 2.5큰술(40g)
- 무염버터 2큰술(30g)
- 올리브오일 1큰술(15g)
- 페페론치노 2개(취향에 따라 가감, 생략 가능)
- 설탕 1작은술(4g)
- 소금 1작은술(4g, 기호에 따라 가감)
- 통후추 간 것 약간
- 튀긴 양파 약간(크리스피 어니언, 생략 가능)

COOKING NOTES

- 버섯과 양파는 수분이 많아 생각보다 오래 볶아야 합니다. 최대한 갈색이 나도록 오랫동안 볶아야 진한 맛의 스튜를 끓일 수 있어요.

- 페페론치노는 크림소스의 부드러운 맛에 은은한 매콤함을 더해줘요. 취향에 따라 빼거나 더 넣어도 좋아요.

육류와 채소를 풍성하게 넣은 **든든한 고기 스튜**

재료 준비하기

1 양파, 버섯은 사방 2cm 크기로 썬다.

2 쇠고기는 한입 크기로 큼직하게 썬다.

3 파르미지아노 레지아노치즈는 치즈그레이터로 갈아 준비한다.

스튜 만들기

4 달군 팬에 올리브오일을 두르고 버섯, 양파, 다진 마늘, 페페론치노를 넣어 중간 불에서 노릇하게 갈색이 될 때까지 15분간 볶는다.

5 쇠고기를 넣고 설탕, 소금, 후추로 간을 한 후 1~2분간 볶는다.

6 화이트와인을 넣고 센 불로 알코올을 날리며 1분간 끓인다.

7 닭육수를 붓고 5분간 끓여 끓어오르면 약한 불로 줄여 생크림, 치즈, 버터를 넣고 잘 저어준다. 그릇에 담고 튀긴 양파를 뿌린다.

육류와 채소를 풍성하게 넣은 **든든한 고기 스튜**

Beef Miso Cream Stew

소고기 미소된장 크림스튜

미소된장과 크림의 조합은 다소 생소하지만, 특유의 짠맛과 부드러운 맛이 어우러져 누구나 좋아하는 풍미가 된답니다.
대부분 스튜가 조리시간이 긴 편인데, 이 메뉴는 오래 끓이지 않고 빠르게 휘리릭 완성하는 것이 특징이에요.

COOKING NOTES

- 오래 끓이지 않는 스튜이기 때문에 쇠고기는 갈빗살이나 안심, 등심, 살치살 등 스테이크 부위를 사용해야 질기지 않고 부드럽게 먹을 수 있어요.
- 생크림이 들어간 스튜는 완성 그릇에 옮긴 후 더 되직해집니다. 원하는 농도보다 살짝 묽을 때 불을 끄고 마무리하는 것이 좋아요.

재료 준비하기

1 큰 양송이버섯은 4등분하고, 작은 양송이버섯은 2등분한다.

2 미니양배추는 반으로 썬다. 양파는 사방 3cm 크기로 큼직하게 썬다.

3 쇠고기는 키친타월로 핏물을 닦아낸 후 큼직하게 한입 크기로 썬다.

재료

 2인분
 30분
가을, 겨울

- 쇠고기 갈빗살 240g
  (또는 다른 스테이크 부위)
- 양송이버섯 5개
  (100g, 또는 느타리버섯, 표고버섯 등)
- 미니양배추 6개(100g, 또는 양배추)
- 양파 1/2개(100g)
- 다진 마늘 1큰술(10g)
- 미소된장 2큰술(30g)
- 물 1/2컵(100ml)
- 생크림 1컵(200g)
- 무염버터 1큰술(15g)
- 설탕 1.5큰술(15g)
- 소금 1작은술(3g, 기호에 따라 가감)
- 통후추 간 것 약간

스튜 만들기

4 달군 냄비에 버터를 넣고 중간 불에서 버터가 연한 갈색이 되도록 1분간 볶는다.

5 쇠고기를 넣고 소금, 후추로 간을 한 후 센 불에서 1분씩 양면을 살짝만 익힌 후 그릇에 덜어둔다.

6 같은 팬을 중간 불로 달군 후 버섯, 미니양배추, 양파, 다진 마늘을 넣고 1분간 볶은 후 통후추 간 것을 뿌린다.

7 미소된장과 물을 넣고 된장을 잘 풀어가며 센 불에서 1분간 끓인다.

8 생크림, 설탕을 넣고 1분간 끓여 다시 끓어오르면 쇠고기를 넣는다. 중간 불에서 1분간 더 끓여 살짝 걸쭉한 농도가 되면 불을 끈다.

육류와 채소를 풍성하게 넣은 **든든한 고기 스튜**

Beef Coconut Curry Stew

소고기 코코넛 커리스튜

코코넛의 크리미하고 달큰한 향이 매콤한 커리를
부드럽게 만들어줍니다. 시판 카레가 고급스러운
요리로 변신한 근사한 스튜랍니다.

재료   1~2인분   40분   가을, 겨울

- 쇠고기 구이용 200g(또는 돼지고기, 닭고기, 새우)
- 양파 1/2개(100g)
- 셀러리 10cm 5대(100g)
- 브로콜리 1/6개(50g)
- 홀토마토 통조림 100g
- 코코넛크림 3큰술
  (50g, 타이헤리티지 제품, 또는 생크림) + 약간(장식용)
- 카레가루 2큰술(20g)
- 닭육수 약 1컵(200㎖, 치킨스톡 1/3작은술 + 물 1컵)
- 올리브오일 1큰술(15g)
- 파프리카파우더 2작은술(4g, 생략 가능)
- 설탕 1.5작은술(5g)
- 소금 1/2작은술(2g, 기호에 따라 가감)

COOKING NOTES

- 소고기 대신 돼지고기, 닭고기,
  새우 등으로 자유롭게 대체해도 좋아요.

- 코코넛크림은 코코넛밀크의
  진한 지방 부분만 모아둔 것으로
  요리나 디저트에 풍미와 크리미함을
  더할 때 사용합니다. 없을 경우 생크림으로
  대체 가능해요.

- 빵이나 난, 밥을 곁들이면
  한 끼 식사로 손색 없어요.

재료 준비하기

1 양파는 사방 2cm 크기로 썬다. 셀러리는 필러로 껍질을 벗긴 후 2cm 두께로 썬다.

2 브로콜리는 2~3cm 크기로 나무 모양을 살려 큼직하게 썬다.

스튜 만들기

3 쇠고기는 사방 3cm 크기로 큼직하게 썬다.

4 달군 냄비에 올리브오일을 두르고 쇠고기, 소금을 넣어 중강 불에서 5분간 볶는다.

5 고기가 반쯤 익으면 양파, 셀러리를 넣고 1분간 더 볶는다.

6 닭육수를 붓고 홀토마토, 코코넛크림(3큰술), 카레가루, 설탕을 넣고 약한 불에서 10분간 끓인다.

7 홀토마토는 주걱으로 으깨가며 끓인다.

8 끓어오르면 브로콜리를 넣고 5분간 더 끓인다. 그릇에 담고 코코넛 크림(약간)을 군데군데 조금씩 올린다.

육류와 채소를 풍성하게 넣은 **든든한 고기 스튜**

Green Curry with Chicken

그린 커리 치킨스튜

각종 향신료와 매운 고추가 들어있는 태국의 그린커리 페이스트를 활용한 매력적인 맛의 커리스튜입니다. 코코넛크림이 들어가 매운맛을 자연스럽게 중화시켜 달큰하고 부드러운 맛을 즐길 수 있어요. 커리스튜는 빵, 난, 또띠야는 물론 밥을 곁들여도 잘 어울려요.

재료   2~3인분   30분   여름

- 닭다리살 300g
- 가지 1/2개(70g)
- 애호박 1/4개(70g)
- 방울토마토 3개
- 올리브오일 1큰술(15g)
- 소금 1/2작은술(2g, 기호에 따라 가감)
- 통후추 간 것 약간

그린커리

- 그린커리 페이스트 3큰술(45g, 수리타이 제품)
- 코코넛크림 1컵(200g, 타이헤리티지 제품, 또는 생크림)
- 닭육수 약 1/2컵(100㎖, 치킨스톡 1/5작은술 + 물 1/2컵)
- 올리브오일 1큰술(15g)
- 설탕 1.5큰술(15g)
- 피쉬소스 1/2작은술(2g, 또는 소금 약간)

COOKING NOTES

- '그린커리 페이스트'는 매운맛이 강한 재료이니 취향에 따라 양을 조절하세요.

- 전분기가 없는 묽은 형태의 스튜로 닭다리살은 물론 돼지고기 목살이나 새우를 구워 곁들여도 잘 어울려요.

- 냉장고에 남아 있는 당근이나 브로콜리 등의 다양한 채소를 구워 곁들여도 좋습니다.

재료 준비하기

1 가지, 애호박은 0.5cm 두께로 어슷하게 썬다.

2 방울토마토는 반으로 썬다.

스튜 만들기

3 달군 냄비에 올리브오일을 두르고 닭다리살을 넣고 소금, 후추로 간을 한다.

4 닭다리살의 껍질이 바닥으로 향하게 둔 채 약한 불에서 10분간 바삭하게 굽는다. 껍질이 갈색이 되면 뒤집어 2분간 더 굽는다.

5 구운 닭고기는 덜어내어 먹기 좋게 썬다.

6 고기 구운 냄비에 가지와 애호박을 올려 중간 불에서 5분간 앞뒤로 노릇하게 굽는다.

7 달군 냄비에 올리브오일을 두르고 약한 불에서 그린커리 페이스트를 넣고 1분간 볶는다.

8 코코넛크림, 닭육수, 설탕, 피쉬소스를 넣고 중간 불에서 끓어오르면 불을 끈다. 접시에 그린커리를 담고 구운 닭다리살, 가지와 애호박, 방울토마토를 곁들인다.

- 코코넛크림을 군데군데 뿌리면 멋스럽고, 라임을 곁들여 즙을 뿌려 먹으면 더 맛있다.

육류와 채소를 풍성하게 넣은 **든든한 고기 스튜**

Cacciatore with Green Olives

치킨 올리브 토마토스튜

'카치아토레(Cacciatore)'라고 불리는 이 스튜는 이탈리아 사냥꾼들이 요리하던 방법으로 만든 토마토 베이스의 치킨스튜랍니다. 냉장고에 있는 갖가지 채소, 토마토, 닭고기와 파스타까지 들어가 아주 배부른 한 끼 식사가 되지요. 모든 재료를 다 갖추지 않아도 되니, 집에 있는 재료들로 편하게 만들어보세요.

재료 2인분 40분 사계절

- 닭다리살 200g
- 오르조 1/4컵(삶기 전 50g, 또는 다른 숏파스타, 생략 가능)
- 홀토마토 통조림 100g
- 양파 1/4개(50g)
- 셀러리 10cm 3대(60g)
- 다진 마늘 1큰술(10g)
- 그린올리브 10알
- 닭육수 약 1컵(200㎖, 치킨스톡 2/5작은술 + 물 1컵)
- 화이트와인 1큰술(15g)
- 올리브오일 1큰술(15g) + 약간
- 파프리카파우더 2작은술(5g, 생략 가능)
- 설탕 1/2큰술(5g)
- 소금 1작은술(4g)
- 통후추 간 것 약간

COOKING NOTES

- 닭다리살이 들어가는 스튜는 냉동한 후 다시 데워 먹어도 부드럽게 먹을 수 있어요.

- 버섯이나 당근, 브로콜리 등 자투리 채소를 추가해도 좋아요.

- 파스타는 '오르조(orzo)'라는 쌀알 모양의 숏파스타를 사용했는데, 스파게티처럼 긴 면을 툭툭 부러뜨려 삶아 사용해도 돼요.

- 삶은 파스타 대신 강낭콩, 병아리콩, 보리, 율무 등으로 대체하거나 빵을 곁들여 먹어도 좋습니다.

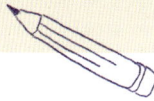

재료 준비하기

1 끓는 물에 소금을 녹이고 파스타를 넣어 포장지에 적힌 시간만큼 삶는다. 체에 밭쳐 물기를 빼고 올리브오일(약간)에 버무린다.
   • 파스타 삶는 물과 소금의 비율은 물 2.5컵(500㎖)에 소금 1작은술(5g) 정도로 잡으면 된다.

2 양파는 사방 1cm 크기로 썬다.

3 셀러리는 필러로 껍질을 벗겨 1cm 두께로 썬다.

4 닭다리살은 3cm 크기로 큼직하게 썬다.

스튜 만들기

5 달군 냄비에 올리브오일(1큰술)을 두르고 양파, 셀러리, 다진 마늘을 넣어 중간 불에서 1~2분간 볶는다.

6 닭고기를 넣고 소금, 후추로 간을 한 후 5분간 노릇하게 굽는다.

7 화이트와인을 넣고 센 불로 알코올을 날리며 1분간 끓인 후 닭육수, 홀토마토, 설탕, 파프리카파우더를 넣고 중약 불에서 20분간 토마토를 으깨가며 졸인다.

8 그린올리브, 파스타를 넣고 골고루 섞는다.
• 허브가 있다면 올려서 장식한다.

육류와 채소를 풍성하게 넣은 **든든한 고기 스튜**

Middle Eastern
Style Spicy
Chicken Stew

중동식 매콤한 치킨스튜

닭고기와 매콤한 향신료들이 어우러져
한 번 먹으면 중독되는 독특한 매력의
중동식 매콤한 치킨스튜입니다.
빵이나 구운 난, 또띠야는 물론 밥과도
잘 어울려요.

재료   2인분   30분   사계절

- 닭다리살 250g
- 양파 1/2개(100g)
- 셀러리 10cm 5대(100g)
- 다진 마늘 1큰술(10g)
- 토마토 페이스트 1.5큰술(20g)
- 닭육수 약 2컵(400㎖, 치킨스톡 1작은술 + 물 2컵)
- 화이트와인 2큰술(30g, 또는 청주)
- 올리브오일 1큰술(15g)
- 소금 1/2작은술(2g, 기호에 따라 가감)
- 통후추 간 것 약간

향신료

- 큐민씨드 1.5작은술(3g, 또는 큐민파우더)
- 카이엔페퍼 1/2작은술(1g, 생략 가능)
- 파프리카파우더 2작은술(5g, 생략 가능)

COOKING NOTES

- 이 메뉴에서 이국적인 맛을 내는 포인트는 중동지역에서 많이 쓰는 향신료인 큐민씨드입니다.

- 큐민씨드는 참깨처럼 볶으면 수분이 날아가 향이 훨씬 진해집니다. 고운 파우더를 쓴다면 볶지 않아도 됩니다.

- 사워크림이나 그릭요거트를 곁들이면 매운 맛이 중화되어 부드럽게 즐길 수 있어요.

육류와 채소를 풍성하게 넣은 **든든한 고기 스튜**

재료 준비하기

1 양파는 사방 2cm 크기로 썰고, 셀러리는 필러로 껍질을 벗긴 후 2cm 두께로 썬다

2 닭다리살은 3cm 두께로 큼직하게 썬다. 취향에 따라 껍질을 제거해도 좋다.

스튜 만들기

3 달군 팬에 기름을 두르지 않고 큐민씨드를 넣어 약한 불에서 1분간 볶는다.
- 큐민파우더로 대체하면 이 과정은 생략한다.

4 달군 냄비에 올리브오일을 두르고 중간 불에서 닭고기를 넣고 5분간 볶은 후 소금, 후추로 간을 한다.

5 양파, 셀러리, 다진 마늘을 넣고 5분간 더 볶는다.

6 약한 불로 줄인 후 토마토 페이스트를 넣고 1분간 볶는다.

7 화이트와인을 넣고 센 불로 1분간 끓여 알코올을 날린다.

8 국물이 절반 이상 졸아들면 약한 불로 줄여 향신료, 닭육수를 넣고 10분간 끓인다.
   • 허브가 있다면 올려서 장식한다.

육류와 채소를 풍성하게 넣은 **든든한 고기 스튜**

찰옥수수 치킨 크림스튜

찰옥수수의 은은한 단맛과 쫀득한 식감이 매력적인 스튜입니다. 치킨의 고소한 풍미와 부드러운 크림이 잘 어울린답니다.

Chicken Cream Stew with Corn

재료 🍴 3~4인분　⏱ 40분　📅 여름

- 삶은 찰옥수수 1개(약 300g)
- 닭다리살 600g
- 감자 작은 것 1개(150g)
- 당근 1/3개(70g)
- 양파 1개(200g)
- 다진 마늘 1큰술(10g)
- 닭육수 약 2.5컵(500㎖, 치킨스톡 1작은술 + 물 2.5컵)
- 생크림 1컵(200g)
- 화이트와인 1/4컵(60g)
- 올리브오일 1큰술(15g)
- 소금 2작은술(7g, 기호에 따라 가감)
- 통후추 간 것 약간
- 냉동 완두콩 약간(생략 가능)

재료 준비하기

1 감자, 당근, 양파는 사방 1cm 크기로 썬다. 냉동 완두콩은 찬물에 5~10분간 담가 해동한다.

2 찰옥수수는 손으로 알갱이를 떼어낸다.

3 닭다리살은 2cm 크기로 큼직하게 썬다. 취향에 따라 껍질을 벗겨도 좋다.

스튜 만들기

4 달군 냄비에 올리브오일을 두르고 당근, 양파, 다진 마늘을 넣고 색이 나지 않게 중약 불에서 1분간 살짝 볶는다.

5 닭다리살을 넣고 5분간 더 볶은 후 소금, 후추로 간을 한다.

6 화이트와인을 넣고 센 불에서 알코올을 날리며 1분간 끓인다.

7 닭육수를 붓고 끓어오르면 감자, 찰옥수수를 넣고 약한 불에서 30분간 푹 끓인다.

8 스튜 위 기름을 걷어낸다. 생크림을 넣고 다시 끓어오르면 완두콩을 섞은 후 바로 불을 끈다.
  • 허브가 있다면 올려서 장식한다.

COOKING NOTES

- 쉽게 구할 수 있는 냉동 찰옥수수를 사용해도 좋아요. 제품의 옥수수 익힌 정도에 따라 조리시간을 조절하세요.

- 옥수수와 감자가 제일 마지막으로 익으니 꼭 먹어보고 충분히 익었는지 확인하고 불을 끄세요.

- 생완두콩을 쓴다면 끓는 물에 10분 정도 삶아 찬물에 헹궈 넣으면 돼요.

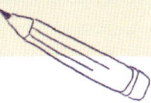

생선과 해물의 맛을 잘 살린
근사한 해산물 스튜

해산물을 넣은 스튜는 맛도 비주얼도 매우 근사해
특별한 날이나 손님 초대요리로 준비하기 제격이에요.
특히 와인과 함께 먹으면 더 맛있지요.
고기 스튜와 달리 해산물 스튜는 오래 끓이면
식감이 질겨져 맛이 떨어지니 레시피의 불세기와 조리시간을
준수해서 만드는 것이 중요하답니다.

생선과 해물의 맛을 잘 살린 **근사한 해산물 스튜**

Spicy Vongole Stew

204

매운 봉골레스튜

'봉골레(Vongole)'는 이탈리아어로 조개로 만든 요리를 의미해요. 가장 쉽게 구할 수 있는 조개인 바지락을 듬뿍 넣고 끓인 깔끔하고 매콤한 맛의 이 스튜는 와인 안주로 곁들이거나, 파스타를 더해 든든한 한 끼 식사로 즐겨도 좋답니다.

재료 2인분 30분 사계절

- 해감 바지락 400g(또는 다른 조개)
- 프레굴라 1/2컵(100g, 또는 다른 숏파스타)
- 양파 1/5개(40g)
- 다진 마늘 1큰술(10g)
- 페페론치노 2개(생략 가능)
- 물 약 1/2컵(80㎖)
- 화이트와인 3큰술(45g, 또는 청주)
- 올리브오일 1큰술(15g) + 약간

곁들임 (생략 가능)
- 루콜라 약간
- 옐로우 페퍼 또는 할라피뇨 피클 약간

COOKING NOTES

- '프레굴라(Fregula)'는 아주 작은 파스타로 스튜에 넣으면 누룽지처럼 구수한 맛이 나요. 프레굴라 대신 다른 숏파스타를 넣거나 긴 파스타를 짧게 부러뜨려 넣어도 된답니다.

- 여러 종류의 조개를 섞거나 새우나 오징어 등의 해산물을 추가해 더 푸짐하게 즐겨도 좋아요.

생선과 해물의 맛을 잘 살린 **근사한 해산물 스튜**

재료 준비하기

1 바지락은 깨끗이 씻는다.

2 끓는 물에 소금을 녹이고 파스타를 넣어 포장지에 적힌 시간만큼 삶는다. 체에 받쳐 물기를 빼고 올리브오일(약간)에 버무린다.
- 파스타 삶는 물과 소금의 비율은 물 2.5컵(500㎖)에 소금 1작은술(5g) 정도로 잡으면 된다.

스튜 만들기

3 양파는 사방 0.5cm 크기로 잘게 다진다.

4 달군 팬에 올리브오일(1큰술)을 두르고 양파, 다진 마늘, 페페론치노를 넣고 중약 불에서 1~2분간 볶는다.

5 바지락과 화이트와인을 넣고 센 불에서 뚜껑을 덮어 1분간 끓인다.

6 중강 불로 올려 조개가 입을 벌리면 파스타와 물을 넣고 5분간 끓인다. 조개의 짠맛에 따라 물양을 조절한다. 그릇에 담고 루콜라와 옐로우 페퍼를 올린다.

생선과 해물의 맛을 잘 살린 **근사한 해산물 스튜**

Clam Stew with Sweet Corn and Young Radish

초당옥수수 열무 바지락스튜

짭조름한 바지락 육수에 달콤한 초당옥수수가
톡톡 기분 좋게 씹히는 스튜입니다.
열무를 넣어 시원한 맛과 아삭한 식감이
여름과 잘 어울리죠. 열무는 루콜라, 시금치,
미나리 등의 아삭한 초록채소로 대체해도 맛있답니다.

재료  2인분   30분   여름

- 초당옥수수 1개(150g, 알갱이만 100g, 또는 옥수수 통조림)
- 해감 바지락 240g(또는 다른 조개)
- 열무 80g(또는 루콜라, 시금치, 미나리 등)
- 양파 1/4개(50g)
- 다진 마늘 1큰술(10g)
- 레몬 1/2개
- 페페론치노 2개(생략 가능)
- 물 1/2컵(100㎖)
- 화이트와인 1/4컵(50g, 또는 청주)
- 올리브오일 1큰술(15g)
- 소금 1/2작은술(2g, 기호에 따라 가감)
- 통후추 간 것 약간

COOKING NOTES

- 초당옥수수는 초여름에만 나오니 넉넉히 사서 냉동했다가 다른 계절에도 이 수프를 만들어보세요. 냉동할 때는 껍질을 모두 벗긴 후 냉동했다가, 냉장고나 실온에서 해동 후 요리하면 됩니다. 냉동된 것도 판매해요.

- 초당옥수수 대신 옥수수 통조림이나 찰옥수수, 완두콩을 활용해도 좋아요.

- 파스타를 삶아 넣으면 근사한 한 끼로 즐길 수 있어요.

재료 준비하기

1 바지락은 깨끗이 씻는다.

2 초당옥수수는 칼로 알갱이만 발라낸다.

3 열무는 초록색 줄기 부분을 1cm 길이로 썬다.

4 양파는 잘게 다진다. 레몬은 웨지모양으로 썬다.

스튜 만들기

5 달군 팬에 올리브오일을 두르고 양파, 다진 마늘, 페페론치노를 넣고 중약 불에서 1분간 볶는다.

6 조개와 화이트와인을 넣고 뚜껑을 덮어 센 불에서 조개가 입을 벌릴 때까지 5분간 끓인다.

7 물, 초당옥수수, 열무를 넣고 끓어오르면 불을 끈다. 레몬 웨지를 곁들인다.
  • 레몬즙을 바로 짜서 더해 먹으면 맛있다.

생선과 해물의 맛을 잘 살린 **근사한 해산물 스튜**

Acqua Pazza

이탈리아식 맑은 생선스튜

생선의 진한 감칠맛으로 계속 먹게 되는 중독성이 있는 생선스튜 '아쿠아파짜(Acqua Pazza)' 입니다. 이 메뉴명은 이탈리아어로 '맛있는 미친 국물'이란 뜻인데요, 생선을 통째로 넣어 생선 뼈에서 우러난 구수한 맛이 일품이지요. 부드럽게 잘 익힌 호박과 콜리플라워의 수분이 해산물의 짭조름한 맛을 중화시키기 때문에 빠지면 아쉬우니 꼭 더해보세요.

재료

 2인분   30분   봄, 가을

- 도미 2마리(작은 것, 또는 가자미)
- 해감 바지락 15개(200g)
- 엔초비 6g
- 콜리플라워 1/5개(60g, 또는 브로콜리, 미니양배추)
- 주키니 1/5개(50g, 또는 애호박)
- 그린빈 5줄기(50g, 또는 아스파라거스)
- 샬롯 1개(40g, 또는 양파)
- 다진 마늘 1.5큰술(15g)
- 페페론치노 2개
- 화이트와인 3큰술(45g, 또는 청주)
- 올리브오일 1큰술(15g)
- 물 1.5컵(300㎖)
- 타임 1줄기(생략 가능)
- 소금 약간
- 통후추 간 것 약간

곁들임
- 방울토마토 3개
- 올리브오일 약간
- 루콜라 약간

COOKING NOTES

- 엔초비는 소금이 낼 수 없는 감칠맛이 있어 요리의 풍미를 살려줘요. 간편하게 튜브형 엔초비를 사용해도 좋아요.

- 작은 도미나 가자미와 같이 얇은 생선이 익히기 쉬우며 잘 부서지지 않아 스튜에 활용하기 좋답니다.

- 국물이 자작하게 있어 바게트나 캄파뉴 등 담백한 빵을 찍어 먹으면 맛있어요.

재료 준비하기

1 바지락은 깨끗이 씻는다.

2 도미는 머리와 내장을 제거하고 깨끗이 씻은 후 지느러미를 잘라내고 사진처럼 2~3곳에 칼집을 낸다.

3 콜리플라워는 2~3cm 크기로 나무 모양을 살려 썬다.

4 주키니는 사방 1cm 크기로 썬다. 그린빈은 3cm 길이로 어슷 썬다.

5 샬롯은 0.2cm 두께로 얇게 슬라이스한다.
방울토마토는 사등분한다.

스튜 만들기

6 달군 팬에 올리브오일을 두르고 엔초비, 샬롯, 다진 마늘, 페페론치노를 넣고 중강 불에서 1~2분간 볶는다.

7 화이트와인과 조개를 넣고 뚜껑을 덮어 센 불에서 5분간 조개를 익힌다.

8 소금, 후추로 간을 한 후 도미와 물을 넣고 약한 불로 줄여 5분간 도미를 익힌다.

9 도미가 다 익을 때쯤 콜리플라워, 주키니, 그린빈, 타임을 넣고 5분간 더 익힌다. 그릇에 담고 방울토마토와 루콜라, 올리브오일(약간)을 더한다.

생선과 해물의 맛을 잘 살린 **근사한 해산물 스튜**

초리조 홍합 토마토스튜

스페인 육가공품인 '초리조(Chorizo)'를 볶을 때 나오는 매콤한 오일과 홍합의 감칠맛이 잘 어우러지는 해물 스튜입니다. 와인안주로도 제격이니, 홍합이 맛있어지는 겨울에 뜨끈하게 즐겨보세요.

Chorizo Mussel Tomato Stew

재료 🍴 2인분 ⏱ 30분 📅 가을, 겨울

- 초리조 12g
- 홍합 600g(또는 백합, 바지락)
- 홀토마토 통조림 1/4컵(80g)
- 샬롯 1개(40g, 또는 양파)
- 다진 마늘 1큰술(10g)
- 페페론치노 2개(생략 가능)
- 물 1.5컵(300㎖)
- 화이트와인 2큰술(30g, 또는 청주)
- 올리브오일 1큰술(15g)
- 파프리카파우더 2작은술(5g)
- 소금 약간

곁들임(생략 가능)
- 사워크림 약간(또는 그릭요거트)
- 허브 약간(처빌 또는 딜)

217

재료 준비하기

1 홍합은 깨끗이 씻은 후 수염을 뗀다.

2 샬롯은 0.2cm 두께로 얇게 채 썬다.

스튜 만들기

3 초리조는 얇게 슬라이스 한 후 0.2cm 두께로 채 썬다.

4 달군 냄비에 올리브오일을 두른 후 초리조, 샬롯, 다진 마늘, 페페론치노를 넣고 중약 불에서 1~2분간 볶는다.

5 오일의 색이 붉어지면 홍합, 화이트와인을 넣고
   뚜껑을 덮어 센 불에서 5분간 끓여 홍합을 익힌다.

6 불을 끄고 익은 홍합은 덜어둔다.

7 남은 육수에 홀토마토, 파프리카파우더를 넣는다

8 중강 불에서 주걱으로 홀토마토를 으깨가며 1분간
   끓인다. 물을 붓고 1~2분간 더 끓인다. 그릇에
   홍합과 육수를 담고 사워크림과 허브를 올린다.

생선과 해물의 맛을 잘 살린 **근사한 해산물 스튜**

Lobster Chioppino

랍스터 토마토스튜

프랑스 해안가에서 먹는 해산물 스튜가
'부야베스(226쪽)'라면, 이탈리아 해안가에는
'치오피노(Cioppino)'가 있지요.
이탈리아식 해산물 토마토스튜로
자극적이고 매콤한 맛이 매력이랍니다.

재료

2인분 | 90분 | 가을, 겨울

랍스터육수
- 랍스터 1kg(껍질만 사용)
- 양파 1/7개(30g)
- 다진 마늘 1큰술(10g)
- 페페론치노 2개
- 토마토 페이스트 2큰술(30g)
- 무염버터 1큰술(15g)
- 물 4컵(800㎖)
- 화이트와인 1/6컵(30g, 또는 청주)
- 월계수잎 1개(생략 가능)
- 통후추 1작은술(1g, 생략 가능)
- 오레가노 약간(또는 다른 허브, 생략 가능)

스튜
- 랍스터 육수 & 살(1kg으로 만든 것)
- 틸라피아 생선살 100g(또는 흰살 생선)
- 홍합 10개(200g)
- 냉동 새우 6마리
- 홀토마토 통조림 200g
- 양파 1/4개(50g)
- 당근 1/8개(20g)
- 셀러리 15cm(30g)
- 다진 마늘 1큰술(10g)
- 무염버터 1.5큰술(20g)
- 파프리카파우더 2작은술(5g)
- 카이엔페퍼 약간(생략 가능)
- 소금 1/2작은술(2g, 기호에 따라 가감)
- 통후추 간 것 약간

랍스터육수 준비하기

1 양파는 사방 1cm 크기로 썬다.

2 랍스터는 통째로 끓는 물에 2분간 살짝 데친다.
   • 껍질과 살을 깔끔하게 분리하기 위해 데친다.

3 랍스터는 집게 다리를 떼어내고 머리와 몸통을 분리한다. 머리의 내장은 버리지 않고 그대로 사용해야 감칠맛이 우러난다.

4 랍스터 전용 가위로 아가미를 잘라서 버린다.

5 랍스터 껍질과 살을 분리한 후 살을 3cm 크기로 큼직하게 썬다.

6 랍스터 전용 가위로 머리와 몸통의 껍질을 잘게 자른다.
   • 잘게 잘라야 볶는 중간중간 맛이 잘 우러나온다.

7 달군 냄비에 랍스터 머리와 껍질, 양파, 다진 마늘, 페페론치노, 버터를 넣고 중강 불에서 5분간 볶는다.

8 토마토 페이스트를 넣고 1분간 더 볶다가 화이트와인을 넣고 센 불로 올려 1분간 더 끓여 알코올을 충분히 날린다.

9 물, 월계수잎, 통후추, 오레가노를 넣고 약한 불에서 30분간 끓인다.

10 고운 체로 육수를 거른다.

재료 준비하기

11 홍합은 깨끗이 씻은 후 수염을 뗀다.
새우는 찬물에 10분간 담가 해동한 후 체에 밭쳐 물기를 뺀다.

12 양파, 당근은 사방 1cm 크기로 썬다.
셀러리는 필러로 껍질을 벗긴 후 1cm 두께로 썬다.

스튜 만들기

13 생선살은 3cm 크기로 큼직하게 썬다.

14 달군 냄비에 버터를 녹인 후 양파, 당근, 셀러리, 다진 마늘을 넣고 중약 불에서 1~2분간 볶는다.

15 홀토마토와 랍스터 육수를 넣고 센 불에서 1분간 끓여 끓어오르면 홍합을 넣고 입 벌릴 때까지 5분간 더 끓인다.

16 랍스터살, 생선살, 새우를 넣고 중약 불에서 5~10분간 끓인 후 불을 끈다. 파프리카파우더, 카이엔페퍼, 소금, 후추를 넣고 간을 맞춘다.

COOKING NOTES

- 익혀서 파는 자숙 랍스터 말고 익히지 않은 생물 랍스터를 활용해야 랍스터 육수를 낼 때 머리에 있는 내장에서 감칠맛이 우러나와 훨씬 깊은 맛의 스튜를 만들 수 있어요.

- 랍스터는 새우로 대체 가능하며 새우는 머리 부분과 껍질 모두 넣고 끓이는 것이 맛이 잘 우러나와요.

- 랍스터나 새우는 오래 익히면 질겨지니 마지막 단계에 넣고 살짝만 익혀 먹는 것이 가장 맛있습니다.

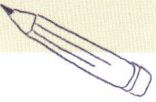

생선과 해물의 맛을 잘 살린
근사한 해산물 스튜

Oyster
Bouillabaisse

굴 부야베스

프랑스식 '부야베스(Bouillabaisse)'에 바다 향이 입안 가득 퍼지는 굴을 듬뿍 넣었어요. 부야베스는 어부들이 팔고 남은 해산물로 끓이던 스튜인데, 새우와 오징어도 한가득 넣고 매콤하게 끓여 서양식 해물탕 같은 느낌이에요. 토마토를 넣어 텁텁하지 않고 맛이 깔끔해 많은 분들이 좋아하지요. 계절마다 다양한 해산물을 넣어 즐겨보세요.

생선과 해물의 맛을 잘 살린 **근사한 해산물 스튜**

재료 준비하기

1 굴은 소금물에 넣어 가볍게 흔들어 씻은 후 체에 밭쳐 물기를 뺀다. 냉동 새우는 찬물에 10분간 담가 해동한다.

재료   4인분   40분   겨울

- 봉지굴 250g
- 홍합 200g
- 오징어 1/2마리(손질 후 100g)
- 냉동 새우 6마리
- 홀토마토 통조림 400g
- 양파 1/3개(70g)
- 다진 마늘 1.5큰술(15g)
- 조개육수 3~4컵(만들기 29쪽)
- 올리브오일 1큰술(15g)
- 타임 5줄기(생략 가능)
- 월계수잎 1~2개(생략 가능)
- 피쉬소스 1큰술(15g)
- 소금 1/2작은술(2g, 기호에 따라 가감)
- 통후추 간 것 약간
- 파프리카파우더 1작은술(2g, 생략 가능)
- 카이엔페퍼 약간(생략 가능)

2 홍합은 깨끗이 씻은 후 수염을 뗀다.

3 오징어는 내장을 제거하고 껍질을 벗긴 후 먹기 좋은 크기로 썬다.

4 양파는 사방 1cm 크기로 썬다.

5 타임은 조리용 실로 묶거나 잎만 떼어내어 준비한다.

생선과 해물의 맛을 잘 살린 **근사한 해산물 스튜**

스튜 만들기

6 달군 냄비에 올리브오일을 두른 후 양파, 다진 마늘을 넣어 중간 불에서 5분간 볶는다.

7 조개육수와 홀토마토를 넣고 중강 불에서 주걱으로 토마토를 으깨가며 5분간 끓인다.

8 끓어오르면 해산물, 타임, 월계수잎을 넣고 5분간 더 끓인다.

9 피쉬소스, 소금, 후추, 파프리카파우더, 카이엔페퍼를 넣어 간을 더한다.

10 타임을 건져낸 후 그릇에 담는다. 잎만 넣었다면 건지지 않아도 된다.
   • 허브가 있다면 올려서 장식한다.

COOKING NOTES

- 해산물은 취향에 맞게 더 넣어도 좋아요. 가리비, 관자, 전복, 생선살 모두 잘 어울리죠.
- 해산물에 따라 짠맛이 다르므로 해산물을 모두 넣은 후 소금으로 간을 맞춰요.

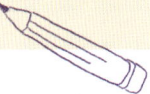

생선과 해물의 맛을 잘 살린 **근사한 해산물 스튜**

White Wine Cream
Fish Stew

화이트와인크림 생선스튜

레스토랑에서 먹는 고급스러운 맛의 생선스튜예요.
크림소스에서 화이트와인의 산미가 느껴져
전혀 느끼하지 않고, 샬롯과 허브향이 생선살과
잘 어우러지죠.

재료 2인분 30분 가을, 겨울

- 광어살 200g(필레, 또는 다른 흰살 생선, 연어, 새우, 관자)
- 홍합 10개
- 시금치 1줌(60g, 또는 케일, 근대)
- 무염버터 1큰술(15g)
- 올리브오일 약간
- 생크림 1/2컵(120g)
- 화이트와인 2큰술(30g, 또는 청주)
- 샬롯 1/2개(20g, 또는 양파)
- 다진 마늘 1큰술(10g)
- 페페론치노 2개
- 타임 2줄기(생략 가능)
- 소금 1작은술(3g, 기호에 따라 가감)
- 통후추 간 것 약간
- 레몬슬라이스 1조각

COOKING NOTES

- 광어 대신 다른 흰살 생선이나 연어를 사용해도 좋아요. 새우나 관자로 대체해도 됩니다.

- 홍합은 바지락이나 다른 조개로 대체 가능해요.

- 시금치는 케일이나 근대와 같은 초록채소로 대체할 수 있어요.

생선과 해물의 맛을 잘 살린 **근사한 해산물 스튜**

재료 준비하기

1 홍합은 깨끗이 씻은 후 수염을 뗀다.

2 광어는 사방 3cm 크기로 큼직하게 썬 후 소금, 후추를 뿌려 간을 한다.

3 샬롯은 0.1cm 두께로 얇게 슬라이스한다.

스튜 만들기

4 달군 팬에 올리브오일을 두르고 시금치를 넣고 중간 불에서 숨이 죽을 때까지 1분간 살짝만 볶아 덜어둔다.

5 그대로 팬을 달궈 버터, 샬롯, 다진 마늘, 페페론치노, 타임을 넣고 중간 불에서 1분간 색이 나지 않게 볶는다. 홍합, 화이트와인을 넣고 뚜껑을 덮어 입이 열릴 때까지 5분간 끓인 후 뚜껑을 연다.

6 생크림을 넣고 5분간 끓인다.

7 끓어오르면 광어를 넣고 5분간 익힌 후 완성 그릇에 시금치를 올리고 스튜를 담는다. 레몬슬라이스를 곁들인다.

INDEX

주 재료별

소고기
- 멕시칸 칠리 콘 카르네 스튜 162쪽
- 소고기 미소된장 크림스튜 178쪽
- 소고기 코코넛 커리스튜 182쪽
- 이탈리아식 소 내장 토마토스튜 166쪽
- 프랑스식 소고기 버섯스튜 170쪽
- 화이트라구 버섯스튜 174쪽

돼지고기
- 대패삼겹살 에그인헬 스튜 152쪽
- 홈메이드 미트볼 토마토스튜 156쪽

닭고기
- 그린 커리 치킨스튜 186쪽
- 보리 넣은 레몬 치킨수프 124쪽
- 완두콩 치킨 크림수프 128쪽
- 중동식 매콤한 치킨스튜 194쪽
- 찰옥수수 치킨 크림스튜 198쪽
- 치킨 올리브 토마토스튜 190쪽

소시지 / 베이컨
- 맑은 소시지 양배추수프 120쪽
- 베이컨 그린빈 토마토수프 88쪽
- 소시지 렌틸콩 채소수프 92쪽

생선
- 이탈리아식 맑은 생선스튜 212쪽
- 화이트와인크림 생선스튜 232쪽

조개
- 굴 부야베스 226쪽
- 라임 백합 파스타수프 116쪽
- 레몬그라스 바지락 크림수프 136쪽
- 매운 봉골레스튜 204쪽
- 쪽파 클램차우더 132쪽
- 초당옥수수 열무 바지락스튜 208쪽
- 초리조 홍합 토마토스튜 216쪽

랍스터
- 랍스터 생선차우더 140쪽
- 랍스터 토마토스튜 220쪽

새우
- 맑은 새우완자수프 108쪽
- 새우 꽃게 로제수프 144쪽

대게
- 대게살 완자 배추수프 112쪽

소스 및 육수별

성게알
- 구운 가지 성게알 가스파초 78쪽

채소
- 구운 콜리플라워수프 58쪽
- 단호박 밤수프 42쪽
- 병아리콩 고구마수프 38쪽
- 봄나물 감자수프 34쪽
- 여름 호박 초당옥수수수프 96쪽
- 오이 요거트 가스파초 74쪽
- 콜라비 브라운버터수프 62쪽
- 토마토 채소수프 84쪽
- 토마토 크림수프와 퍼프 페이스트리 66쪽
- 트러플 버섯수프 54쪽
- 프렌치 어니언수프 104쪽
- 헝가리식 매콤한 버섯 크림수프 100쪽

과일
- 사과 단호박수프 46쪽
- 천도복숭아 가스파초 70쪽

토마토
- 대패삼겹살 에그인헬 스튜 152쪽
- 랍스터 토마토스튜 220쪽
- 멕시칸 칠리 콘 카르네 스튜 162쪽
- 베이컨 그린빈 토마토수프 88쪽
- 이탈리아식 소 내장 토마토스튜 166쪽
- 초리조 홍합 토마토스튜 216쪽
- 치킨 올리브 토마토스튜 190쪽
- 토마토 채소수프 84쪽
- 홈메이드 미트볼 토마토스튜 156쪽

크림
- 랍스터 생선차우더 140쪽
- 레몬그라스 바지락 크림수프 136쪽
- 소고기 미소된장 크림스튜 178쪽
- 완두콩 치킨 크림수프 128쪽
- 쪽파 클램차우더 132쪽
- 찰옥수수 치킨 크림스튜 198쪽
- 토마토 크림수프와 퍼프 페이스트리 66쪽
- 헝가리식 매콤한 버섯 크림수프 100쪽
- 화이트와인크림 생선 스튜 232쪽

로제
- 새우 꽃게 로제수프 144쪽

커리
- 그린 커리 치킨스튜 186쪽
- 소고기 코코넛 커리스튜 182쪽

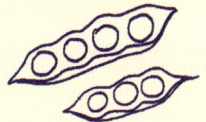

〈수프&스튜 홀릭〉과 함께 보면 좋은 책

**마니아를 위한 '홀릭 시리즈' 첫 탄,
베이글 전문가의 노하우 완벽 마스터**

- ☑ 쫄깃한 클래식 베이글부터 겉바속촉 화덕 베이글, 몰랑쫀득 부드러운 베이글까지 응용 메뉴 17가지
- ☑ 수제 크림치즈, 초코 소스, 베이컨잼 등 베이글을 더 맛있게 즐길 수 있는 17가지 소스 & 스프레드 추천
- ☑ 스프레드와 속재료의 다양한 조합이 돋보이는 간식용 & 식사용 베이글 샌드위치 레시피 수록
- ☑ 베이글과 함께 먹기 좋은 수프, 딱딱한 베이글을 러스크나 크루통으로 변신시키는 활용법 소개

〈 베이글 홀릭 〉
최재희 지음 / 172쪽

**집에서 천연발효종 '르방' 키워
속 편안한 건강빵 만들기**

- ☑ 반죽 시간 단 3분! 심플 사워도우부터 무화과 사워도우, 통밀 사워도우, 포카치아까지 15가지 건강빵 레시피
- ☑ 사워도우 개념과 특징은 물론 필요한 재료와 도구, 르방과 사워도우 전체 과정을 쉽게 짚어주는 가이드
- ☑ SNS 팔로워와 소통하며 가장 많이 하는 르방과 사워도우에 대한 질문과 답변을 모아 소개
- ☑ 르방 팬케이크, 르방 그래놀라, 르방 머핀 등 남는 르방을 활용한 특별한 요리 & 간식 레시피 수록

〈 매일 만들어 먹고 싶은 홈메이드 사워도우 〉
빵필이 이하윤 지음 / 168쪽

늘 곁에 두고 활용하는 소장 가치 높은 책을 만듭니다 레시피팩토리

홈페이지 www.recipefactory.co.kr

채소 요리 전문 셰프의
아침, 점심, 저녁 식사로 제격인 샐러드

- 쉽게 구할 수 있는 제철 채소와 양념을 사용해 누구나 쉽게 따라 만들 수 있는 레시피
- 다채로운 채소 요리로 사랑받는 이탈리안 레스토랑 '로컬릿' 남정석 셰프의 한 끗 다른 샐러드 비법
- 두부, 달걀, 육류, 해산물, 통곡물 재료를 더해 아침, 점심, 저녁 식사로 충분한 식사샐러드
- 레시피팩토리 애독자들이 사전 검증해 믿고 따라 할 수 있는 식사샐러드

〈 매일 만들어 먹고 싶은 식사샐러드 〉
로컬릿 남정석 지음 / 152쪽

브런치 컨설턴트의 한 끗 다른 킥!
홈 브런치를 카페처럼, 한 단계 레벨업

- 클래식 브런치부터 샐러드, 토스트&수프, 브레드&디저트, K 스타일 브런치까지 71가지 메뉴
- 재료의 맛과 풍미를 살려주는 킥 소스와 드레싱으로 자연스럽고 고급진 맛 완성하는 노하우 소개
- 인도식 스크램블에그, 일본 나고야식 팥토스트 등 다른 책에선 만날 수 없는 이국적인 킥 브런치 수록
- 브런치 메뉴를 올 데이 브런치로 즐길 수 있는 8가지 브런치 플레이트의 특별한 조합

〈 매일 만들어 먹고 싶은 카페 브런치 & 디저트 〉
시트롱 김희경 지음 / 208쪽

수프 & 스튜 홀릭
SOUP HOLIC STEW HOLIC

1판 1쇄 펴낸 날	2025년 10월 21일
편집장	김상애
책임편집	전보라
디자인	임재경
사진 촬영	박형인(studio TOM)
기획·마케팅	내도우리·엄지혜
편집주간	박성주
펴낸이	조준일
펴낸곳	(주)레시피팩토리
주소	서울특별시 용산구 한강대로 95 래미안용산더센트럴 A동 509호
대표번호	02-534-7011
팩스	02-6969-5100
홈페이지	www.recipefactory.co.kr
애독자 카페	cafe.naver.com/superecipe
출판신고	2009년 1월 28일 제25100-2009-000038호
제작·인쇄	(주)대한프린테크

값 23,000원

ISBN 979-11-92366-60-9

Copyright © 송하와, 최지애, 2025
이 책의 레시피, 사진 등 모든 저작권은 저자와 (주)레시피팩토리에 있는 저작물이므로
이 책에 실린 글, 레시피, 사진의 무단 전재와 무단 복제를 금합니다.

* 인쇄 및 제본에 이상이 있는 책은 구입하신 서점에서 교환해 드립니다.